北陸経済研究叢書 03

北陸主要企業の
トップが語る成長戦略

人を生かし、技術を磨き、地域に貢献する

一般財団法人 北陸経済研究所

発刊にあたって

　北陸経済研究所では、平成24（2012）年から北陸における「地域未来牽引企業」という観点から、北陸を代表する企業トップの皆様にインタビュー形式でお話を伺い、「トップインタビュー」として月刊誌「北陸経済研究」に掲載してまいりました。その内容は、創業から現在の事業形態に至るまでの歴史、グローバル化を含めた事業内容や現況、人材育成、技術・研究開発、雇用の確保、今後の展望など幅広いものとなっております。

　そのなかで企業経営者の皆様に共通することは、「理念」「目的」「使命」を「ビジョン」に落とし込み、その「ビジョン」をステークホルダー（従業員、顧客、仕入先、地域社会、株主など）と共有・協働し、その成果を公正に分配することに腐心されているところにあります。また、企業には明確な戦略、組織的変革、具体的な付加価値の創造と実績を生むという好循環が求められます。そのために、企業が長期にわたって競争力を持つために不可欠の要素であるイノベーションを起こし、完遂させる能力を持つことに強いこだわりがあるということも挙げられます。これらの経営に取り組む姿勢は、ビジネスマン・行政関係者・経営者・学生の皆様にとって、一読・再読に値するものばかりであります。

　今年は平成最後の年に当たり、昨年40周年を迎えた当研究所にとっても、地域にとっても節目となるこの時期に、北陸の経済・産業界をリードする企業のトップの方々の経営哲学や戦略を改めて振り返ることは、今後の企業経営を考えるうえでも大変意義深いことと考え、本書を発刊することといたしました。

　最後になりますが、インタビューをお引き受けいただいた北陸のトップリーダーの方々をはじめ、関係者の皆様に心から敬意と感謝を表する次第であります。

2019年4月

一般財団法人　北陸経済研究所

理事長　稲葉　純一

目　次

発刊にあたって　　一般財団法人　北陸経済研究所　理事長　稲葉　純一

Top Interview

01　YKK株式会社
　　　取締役（元・代表取締役会長CEO）　吉田　忠裕氏 ……………… 9
　黒部はYKKグループの総本山であり続ける
　　〜強みは素晴らしい社員と技術の集積〜

02　セーレン株式会社　代表取締役会長兼社長　川田　達男氏 ……… 15
　全社員で夢を共有し21世紀型企業にチャレンジする
　　〜人を変えるのではなく、仕組みを変える〜

03　津田駒工業株式会社　取締役社長　菱沼　捷二氏 ………………… 21
　世界最高品質を生み出すために金沢で創り続ける
　　〜繊維産業は世界の成長産業〜

04　フクビ化学工業株式会社　代表取締役社長　八木　誠一郎氏 …… 27
　「楽観的な赤字」（＝将来への投資）こそが不断のイノベーションの源
　　〜地元で利益を上げ、納税し、雇用を増やすことが企業の使命〜

05　三協立山株式会社　代表取締役社長　山下　清胤氏 ……………… 33
　原点回帰“竹平イズム”で新たな飛躍を目指す
　　〜課題克服・成長戦略の答は創業者の精神にある〜

06　日華化学株式会社　代表取締役社長　江守　康昌氏 ……………… 39
　真のイノベーション・カンパニーを目指して
　　〜福井から発信するものづくりのあり方〜

※原則、役職は取材当時のものです。

07　日医工株式会社　代表取締役社長　田村　友一氏 ……………………　47
　　創造をチカラに富山から世界への挑戦
　　〜ジェネリック医薬品で世界トップ10入りを目指す〜

08　EIZO株式会社　代表取締役社長　実盛　祥隆氏 …………………… 54
　　圧倒的トップのビジュアルテクノロジーカンパニーを目指す
　　〜メイド・イン・石川にこだわり高品質な商品を創出する〜

09　前田工繊株式会社　代表取締役社長兼CEO　前田　征利氏 ……… 63
　　どこにもないものを、どこにもない方法で、創り出す
　　〜異なる領域を結び付ける横軸の展開〜

10　北陸電気工業株式会社　代表取締役社長　津田　信治氏 ………… 69
　　世の中にないものをどう作るか、に挑戦し、
　　　ものづくりにおけるイノベーションを起こす
　　〜MEMS技術を用いたセンサに全力で取り組む〜

11　コマニー株式会社　代表取締役社長執行役員　塚本　幹雄氏 …… 76
　　業界のトップリーダーとして常に技術を磨き、
　　　人類・社会の進歩発展に貢献する
　　〜「誰もが心地よく感じるような空間」を提供する〜

12　株式会社 SHINDO　代表取締役CEO　新道　忠志氏 ……………… 84
　　会社経営は映画作りと同じ
　　〜人びとの才能を引き出し、まとめあげることが大事〜

※原則、役職は取材当時のものです。

13 富山市長　森　雅志氏 …………………………………………………… 94
コンパクトシティが目指すものは、市民の意識・ライフスタイルの転換
〜富山のものづくりの伝統を生かし、
　高齢者も若者も住んで楽しい活力ある都市〜

14 株式会社 ゴールドウイン　代表取締役社長　西田　明男氏 ……… 108
顧客起点を突き詰めて、
　スポーツアパレルメーカー国内トップから世界を目指す
〜事業領域そのものがわれわれの強み　SPORTS FIRST（スポーツを一番
　に考えること）で人々の健やかで豊かな暮らしに貢献する〜

15 福井鋲螺株式会社　代表取締役社長　打本　幸雄氏 ………………… 117
最良の職場環境とヒトづくりが世界シェアトップ製品を生む
〜自前主義にこだわり、高付加価値のオリジナル製品を提供する〜

16 リードケミカル株式会社　代表取締役会長　森　政雄氏 ………… 127
経皮吸収剤の世界トップランナーとして
　あらゆる薬を効率的に皮膚から通す
〜切れ目なく新薬を投入するために、失敗を恐れず研究開発に没頭する〜

17 株式会社 スギヨ　代表取締役社長　杉野　哲也氏 ………………… 137
能登から世界へ健康で安心安全な食文化を発信する
〜創意工夫と独自の技術開発により、業界初・世界初のヒット商品を生み出す〜

18 株式会社 スギノマシン　代表取締役社長　杉野　太加良氏 ……… 147
「切る・削る・洗う・磨く・砕く・解す」
　6つの超技術でグローカルニッチリーダーを目指す
〜創業の精神「自ら考え、自ら造り、自ら販売・サービスする」が成長のカギ〜

※原則、役職は取材当時のものです。

19 小林化工株式会社　代表取締役社長　小林　広幸氏……………… 156
　　高付加価値型ジェネリック医薬品創生の
　　　リーディングカンパニーとして、患者一人一人の
　　　　Quality of Lifeの向上を目指す
　　〜人々の健康と幸福を守るために誠意をもって創造と努力を続ける〜

20 株式会社 シャルマン　代表取締役会長　堀川　馨氏 ……………… 166
　　最先端の素材とレーザー加工技術を生かし、
　　　世界最高峰の眼鏡や医療機器を提供する
　　〜地球規模の発想で常に新しい夢に挑戦を続け、
　　　世界の人々に安心と喜びを提供する〜

21 三谷産業株式会社　代表取締役社長　三谷　忠照氏………………… 176
　　時代やニーズの変化を察知し、
　　　知識・技術・情報・ネットワークを駆使した
　　　　オリジナルサービスを創造する
　　〜お客さまにとっての最適を追求する〜

22 株式会社 CKサンエツ　代表取締役社長　釣谷　宏行氏…………… 186
　　地味だけど かけがえのない企業でありたい
　　〜期待され、期待に応え、期待を超える！〜

既刊紹介

※原則、役職は取材当時のものです。

Top Interview 01　　　　　　　　　　取材日：平成24（2012）年8月

黒部はYKKグループの総本山であり続ける
～強みは素晴らしい社員と技術の集積～

YKK株式会社　取締役（元・代表取締役会長CEO）
吉田　忠裕 氏

会社情報
【本　　社】東京都千代田区神田和泉町1
【黒部事業所】富山県黒部市吉田200
【創　　業】昭和9（1934）年1月
【業務内容】ファスニング、建材、ファスニング加工機械及び建材加工機械の製造、販売

——現状は6重苦といわれるほど製造業にとって厳しい状況ですが、日本の製造業の今後についてどのように見ていらっしゃいますか

　強いところはさらに強くなり、弱いところも強くなりきれたら残っていくでしょう。もし強くなりきれない場合には対応を検討しなければならないと思います。

　わが社も大変なのですが、意外と「やる気満々」という感じでいます。その理由の一つに、ファスニング事業については既に85％が海外に出ていますので、「円高だから輸出ができない」という発想はありません。一方、AP（建材）事業の85％は国内で、その原材料はすべて海外から輸入していますから、他のメーカーと同様、輸入材をしっかり調達できれば有利だと思っています。ただし、国内の建設市場がどうなるのかという課題については別です。

——弱いところが強くなるポイントとは

　それぞれの企業が、商品と顧客の関係において、自社商品の競争力があるのかないのかを見極めていくしかないと思います。もし競争力がなければ高める努力しかありません。あるいは、顧客のセグメントを見極めて、柔軟に対応していくしかないということです。これらは、わが社でも現在取り組んでいるところです。

——北陸の製造業については、いかがですか

　実は、私どもは北陸にグループの拠点を置いていて本当に良かったと思っています。いろいろな意味がありますけれど、一番大きいのは人の面であると思います。働くことに対して辛抱強いし、信念を持って働く人たちが集まっていますから、こういう地域性や風土などは財産であると強く感じています。一方で北陸の人は、北陸にいる間は強いのですが、外に行くと必ずしも強いとは言えないと思います。

——外へ出ると北陸の人は必ずしもうまくいかないというのは、勤勉だけれども情報発信やマーケティングが弱いということに関係しているような気がします。指定されたスペックで良いものを作れば売れるという考えが北陸では強すぎるということはありませんか

　私は案外、楽観的です。良いもののレベルが10年前と5年前と今とでは違っていますが、「良いものを作れば売れる」という言葉は生きていると思っています。ただ、「どういうものが、次の良いものなのか」は誰かが見つけないといけません。それが黒部の工場で製造に従事している社員なのか、あるいは開発部門なのか、またはマーケティングを含めたメカニズムの中で判断するのか。当たるかどうかはわかりませんが、「世の中にないけれども、こういうものが要求されるはずだ」と考え出す社員がいればの話になるでしょう。私はやはり、ここ北陸、黒部の拠点で地道に働いてきた素晴らしい社員がいますので、これほど強いところはないと思っています。ものづくり産業が集積し、実際に多くの製造拠点がある北陸3県は、非常に強みがあると考えています。

——北陸地域の強みについてご指摘いただきましたが、今後、北陸の生産拠点を戦略的にどうされるのかお聞かせください

　ファスニングとAPこの二つの事業を支えるのが工機技術本部です。ファスニング事業の開発と製造のベースはここ黒部にありますので、工機のベースもここだけにあるのです。一方、AP事業の大規模製造拠点は国内に5カ所ありますが、うち2カ所が富山です。それも工機との関係を含めますと、やはりこの黒部にベースがあります。これからは、製造工場から開発型製造工場に変えていきま

すが、工場を海外に移すという発想はまったくありません。

　最近のデザイン・ブランドなどユーザーのニーズをいち早くキャッチするため、世界各地にわが社の「本山」を置いていますが、「総本山は、ここ黒部である」というふうに考えています。むしろ、本社は昔から登記上は東京となっていますが、効率のいい本社をもう一度作り直すため、管理部門のうち東京でなくてもいい機能はこちらに一部移転しました。

——こちらに総本山として工場を残すとのことですが、雇用の維持はいかがですか

　私は、製造現場を持たない開発はあり得ないと思っています。世界は小さくなっていますから、製造現場は上海でもインドネシアでもいいかもしれません。しかし、開発・商品開発・ライン開発の社員たちは、ある程度の製造ラインは足元に持っていたいはずなのです。

　海外にも優秀な人材が大勢いるのですが、思想や考え方などの質が少々違います。だから、世界71カ国（平成30〔2018〕年度現在は73カ国）／地域にいる社員に同じ質を求めて現地でやれというのは無理なのです。ただし、YKKの考えを幹部社員に理解してもらって、現地のオペレーションで必要な生産や一部の開発を、現地の考え方を取り入れてやってもらえばいいと思っています。

　ただ、ここを縮小するということはまったく考えておらず、むしろ各方面から多様な人材を集めて拡大し、一緒になってやっていくという状態を作りたいと考えています。そうしますと、外国の人を含め、いろんな人が黒部に来ることになり、生活環境をどうするかということも課題になってきます。

　本社機能の一部移転で、東京本社勤務の230人あまりがこちらに異動しましたが、今の若い人や外国人は物足りなさを感じるでしょう。ですから、この地域において、特性や特質、良さを残しながら、居住や日常生活の面でどう必要なものを揃えていけばいいのかということが課題になっています。多様な人が共生できる開かれた地域環境を整えていく必要があると思っています。

——北陸3県はものづくりの拠点として強みがあると言われましたが、昨今の円高で多くの企業が海外シフトを検討しています。生産拠点を海外展開する上で難しい点はどのようなことでしょうか

私どもは早い時期に海外に出ていまして、国際感覚をいかに持つか、現地を理解する能力を高めてどう溶け込み、現地の人とどのようにモチベーションを引き上げながら一緒にやっていくかということに大変苦労しました。

　海外の需要があるところに自ら出て行って、自分の目でみて、スピードと実行力で決断していました。中には失敗や多くの苦労がありましたが、それが今のYKKの基盤になっています。

　当時は他の会社や業界を参考にはできなかったと思います。要するに、勉強のためにはいろいろな業界や人の話は聞きますが、やれるかやれないかは自分の判断になります。

　私どものファスナーというのは、非常にベーシックな部品ですから、納期が非常に大事です。ユーザーが欲しいという時に届いていなかったら、もう注文をくれないわけです。その上、価格も大事ですが、品質が最も大事です。ファスナーというのは製品価格の数％のコストを占める部品なので、仮に他社より１割高くても、壊れないものの方がいいという話になります。要するに、クオリティはHigher、デリバリーはYesterday、プライスはReasonableでなくてはいけません。この３要素で、ほとんどが決まります。

　例えば、世界40〜50カ国に生産拠点を持つアパレルメーカーは、各工場で違う部位を作り、最後に１カ所で縫製するケースが多いのです。となりますと、それぞれの地域で色が違うわけにはいかない。YKKのファスナーは、どこで作られようがスペック通りに作られているかどうかが重要なのです。ファスナーの色は何千とありますし、黒だけでも何色もあります。地域ごとに水・染料・助剤などが違いますし、そこで使うケミカルも違います。光が当たるとどう見えるかは、黒といっても随分違うものです。それが同じように見えなくてはいけないということに、大きなアパレルメーカーほど厳しくなります。わが社はそれをきちんとやるために、とことん品質にこだわってきました。その結果として、世界のマーケットを押さえることができたのだと思います。

――海外展開の長い歴史を有する御社から、海外進出を検討している中小企業へのアドバイスをお願いします

　私どもは安いところで作って、高いところで売るという発想を今まで持ったこ

とがありません。むしろ海外に需要があればそこへ行って作るという発想で出て行きます。もし、人件費の安いところで作って安く仕入れようというだけならば、いずれ人件費は高くなるので短期決戦になるかもしれないという覚悟が必要です。やはり、その中でいろいろな問題が出てきますので、どこで売るのか、誰に売るのかということも含めて考えて、本当に大丈夫だという確信や決意をお持ちになった場合には是非出て行くべきだと思います。

　ところが最初はいいところしか見えませんからどうなるか分かりません。つまり、失敗しても成功するまでやる決意と体力と、その意志といいますかパワーがあるかどうかを判断してから出て行った方がよいと思います。

——最後に、北陸がものづくりの拠点として発展していくために、行政に期待することは何でしょう

　一般論ですが、今次の円高下でものづくりをして輸出することについて、多くの企業が苦労をされています。ただ、国としてもこの円高を不用意に放置してもらいたくはありません。やはり為替水準の安定については行政や国の役割も重要だと思います。

　為替にしても原材料にしても一定のレベルで安定しているほうが経営者としてはやりやすいですし、先の見通しも立てやすいのです。しかし、それはある程度予想ができますから、その先を考えていかなければならないと思います。

　貿易自由化にしても、是非しっかりと進めていただきたいと思っています。当社はかつて輸出できなくて困った時期がありました。米国のファスナーの関税が６割なのに日本の関税はゼロだったのです。そこで所管の役所に問い合わせましたところ、「他に重要なものがあるから、雑貨のファスナーは我慢してください」と言われました。しょうがないから海外に出て行って作ることを決めたわけです。大手自動車メーカーも同様の経緯があったと理解しています。

——県レベルの政策でご提案はありますか

　わが社の競争力は何かと言えば、とにかく技術です。それも、ものすごい広がりや奥行きが出てきました。技術がないと多様な要望やマーケットセグメントの動きに早急に対応できません。どの企業もそれぞれ独自の技術を持っているわ

けですが、それに加えて行政による技術的な側面支援が必要だと考えます。既に富山県でも取り組みをなさっていますが、人に対しての教育と先端技術の集積がもっと盛んになったとしたら、さらに強くなるのではないでしょうか。

——本日はお忙しい中どうもありがとうございました。

Top Interview 02　　　　　　　　　取材日：平成25（2013）年2月

全社員で夢を共有し21世紀型企業にチャレンジする
～人を変えるのではなく、仕組みを変える～

セーレン株式会社　代表取締役会長兼社長
川田　達男 氏

会社情報
【本　　社】福井県福井市毛矢1-10-1
【創　　業】明治22（1889）年
【設　　立】大正12（1923）年5月
【業務内容】各種繊維製品の企画製造販売、各種化学工業品の製造販売、
　　　　　　各種産業機器の製造販売、電子部品の企画製造販売

——創業100年有余の長い歴史の中で大変な危機を何度も乗り越えてこられましたが、1970年代の危機と現在の危機では、ものづくりにおいてどのような違いがありますか

　繊維産業は昭和46（1971）年までは全盛時代で、国内の基幹産業として外資を稼ぎ、ガチャンと織れば1万円儲かるガチャマン景気に支えられてきました。しかし、昭和46（1971）年のニクソン・ショックから始まって、昭和48（1973）年のオイルショック、昭和51（1976）年の第2次オイルショック、さらに昭和60（1985）年のプラザ合意を経て、急激に斜陽化が進みました。われわれも昭和46（1971）年から昭和62（1987）年までの16年間、とにかく生き残り策を模索しながら、過去100年余りで蓄積した資産を16年間売り食いして生き延びてきました。そこで、少なくとも今までの延長線ではダメだと思い切り、いわゆる「改善」や「改革」でもない「革命」によって変えていかなければならないと決め、昭和62（1987）年から今まで頑張ってまいりました。今の危機は当時と環境が大きく変わっていますが、やはり従来路線では生き残れないという状況はまったく同じです。ただ当時と違うのは、われわれが具体的にこれからどういう方向を目指していけばいいのかがかなり明確に分かっていることと、やらなければならないことに対してある程度の対応力を持っているということです。方向付けが分かっているだけでも当時よりはいい状況にあります。

——御社にとっての方向性は見えているというお話でしたが、例えばどういう方向でしょうか

　IT技術はものすごいスピードで進んでいます。これによって世の中は大きく変わっていくと思います。ですから、われわれはIT技術をいかに活用できるのか、いかに取り込むことができるのかに注力し、今はこれに生き残りをかけているところです。ファッション分野では、等身大のCADの中にバーチャルでいくらでも在庫を持てるようになっています。そこから欲しいものを選んでもらい、それを作るわけです。今後は「省資源」というテーマの中で、カスタマイズ指向と言いますか、パーソナル化の方向に進むだろうと考えています。カーシートは自動車産業での「大量生産で良いものを安く」の最たるものですが、それに関連した分野でカスタマイズ的な要素を取り入れようという動きが出てきました。わが社が手掛けた製品ですが、内外装が人気アニメ仕様になった電車がすでに街中を走っているのです。

——メディカル分野もかなり伸びてきているようですが、繊維以外の領域についてはいかがですか

　人工血管の開発や人間の細胞を老化させないようなタンパク質の研究も進めていますが、健康というのはわれわれの永遠の課題だと思います。また、きれいになりたいという願望に応えるために化粧品の分野にも参入しています。本来、われわれの業界では「繊維イコール衣料」だったのですが、生き残るためにはこの常識を破らなければいけないと考えました。つまり、繊維関連で培ったコアの技術をいかに「非衣料」あるいは「非繊維」の分野で活用するかという発想です。これはまさに繊維業界にとって「非常識」でしたけれども、いい結果を生むことができました。実は「そんなことが繊維でできるのですか」という分野がかなりあるのです。

　一つ具体例を挙げますと、繊維に金属を複合した新しい素材です。これがなんと鉄板の代わりになるのです。あの厚くて重い鉄板が薄くて軽い繊維に置き換わるわけです。電気自動車は電池から電磁波が出るため周りを鉄板で囲っています。しかし、わが社の繊維で囲えば重さが30分の1になり、コストも半分に軽減されます。これはすでに採用が始まっていて、いろいろな分野で繊維の可能性が

広がっています。このようにコアの技術を応用してシーズを展開して行けば、われわれは21世紀において生き残れるのではないかと考えています。

――社長はかねがね今は会社がすべての答えを用意する時代ではなく、社員一人一人に考えてもらう時代だとおっしゃっていますが、社員の方に期待されることは何でしょうか

　今後の方向付けは会社が決めなくてはいけないと思います。しかし、それを具現化するのはやはり社員の力なのです。今までは会社が社員を引っ張ってきましたが、社員の考え方も多様化してきましたので、社員の力をどう活用するかが重要なのです。会社というのはやはり現場力です。現場が強いか強くないかで会社は決まります。となりますと、社員に頑張ってもらわなければいけません。社員それぞれに責任や役割、使命をしっかりと持ってもらうことです。

　わが社においては、企業としての夢を全社員で共有し、この夢を実現するためにチャレンジすることで変革を進め、企業体質は大きく変わりました。また、これと同時にやりがいや生きがいを感じるための環境を整備しなければなりません。繊維工業は３Ｋの代表的な産業ですが、ITを使うことによって素晴らしい環境に変えようと考えました。今も社員が「のびのび・いきいき・ぴちぴち」と働ける環境づくりにかなりのコストをかけています。やはり働くからには楽しく働けることが一番なのです。

――御社の方向性についてうかがいましたが、大変厳しい状況にある日本の製造業の方向性についてはどのようにお考えですか

　厳しいですけれども、発想を思い切り変えてやることです。基本的に日本のものづくりは世界に冠たるものが多くあって強いですから、この強さをどう発揮していくのかがこれからの課題です。一つは、わが国は少子高齢化で市場が縮小していきますし、その中だけでは限界がありますので、アジアに目を向けることが重要なのです。これからはアジア市場が大きく育ち、2020年には年間可処分所得が5000ドルから１万5000ドルの人口が20億人に達すると言われています。さらに、FTAやTPPなどの締結によってグローバル化が一段と進みますので、国内市場と同じような対応をアジアという20億人の市場の中でしっかりと対応していかな

Top Interview 02　セーレン株式会社　川田 達男氏　17

ければならないと思います。ですから、われわれは今「もう、アジアは海外ではない」という発想で対応しているところです。

——製造業の生き残りのためにはアジア市場を取り込んでいく必要があるということですが、国内のものづくりの強みは何でしょうか

　技術的な基盤と日本人が持っている信頼性だと思います。特にものづくりの素晴らしい特長の一つは、チームで仕事ができるということです。外国では自分のスキルは財産や資産だと考えますので、これを他人に与えることをしません。ですから、合弁先からこちらに研修に来てもらいますが、帰国後に彼らが退職しますと学んだことがゼロになって残らないのです。一方、日本の場合は必ずチームの仲間に教えます。これはチームのためにという心構えの中で仕事をしますから本当に強いのです。チームに対する帰属意識があるのは日本人だけです。やはり、これはものづくりの基本ではないでしょうか。われわれは今、海外に11拠点を展開しています。ほぼ独資で米国、EU、アジアに出ていますが、どこへ行っても負ける気がしません。

——海外進出にあたって日本人ならではの強みを生かすために、何か注意していることはありますか

　現地では企業に対する帰属意識がさほどありませんので、離職率はかなり高くなっています。そこで、われわれは現地の人たちに日本的な良さを理解してもらうために、日本式の経営手法を持ち込んで定着化を図っています。具体的には、1年目と5年目の従業員が同じ仕事をしていても、勤務年数の累積を考慮して給料を高くするという年功序列的な発想を少しばかり取り入れています。また、実績が上がれば、賞与として彼らの働きに応えてあげています。こうした制度は現地での差別化にもなり、米国やタイ、中国でもうまく機能しています。

——中小企業にとってグローバル人材の育成は大変難しい問題ですが、何かアドバイスをお願いします

　われわれは欧米と競いながら、追いつけ追い越せで仕事をしてきました。そして、欧米と仕事をするに際してもグローバルな人材の育成にかなり苦労をしてき

ました。今も東南アジアに営業エリアを広げつつありますが、当初は人材の育成
が大変だろうと心配しました。しかし、日本国内で活躍している人材がそのまま
現地に行ってもこちらと同レベルの仕事ができているのです。それは欧米と違い、
現地では優位性を持って仕事ができるからなのです。通訳の人件費も安いですし、
移動するために自動車の運転手を雇うこともできます。そういう面では非常にや
りやすく、自分の力を発揮しやすい環境にあります。社員には心配や戸惑いがあ
りませんし、しっかりと仕事をしてもらっています。

　当然、中小企業が進出してもまったく問題ないと思います。福井にいますと、
「海外へ行きたくない」「東京や大阪には行きたくない」という人が多いのです。
しかし一度外に出れば抵抗はなくなるものです。われわれも若いころに海外へ出
ましたら抵抗はほとんどなくなりました。ですから、できるだけ若い人には海外
を経験してもらうことにしています。これからはグローバル化を志向しないと国
内だけでは生き残っていけません。実際に日本が持っている能力や技術力が海外
で生かせますし、それが日本にも反映されていくことになるのです。

**——グローバル化の流れはわかるのですが、一方でこれからアジアの活力を取り
込んでいくことになれば、国内工場への投資は減ることになりませんか**

　これも不思議な現象なのですが、海外へどんどん投資をしている企業では、国
内の雇用も増えているのです。ですから、積極的に海外へ展開する、あるいはチャ
レンジしていく企業は国内でも元気が良くて、業績も順調に伸びているのではな
いでしょうか。

**——米国では製造業の国内回帰が進んでいるようですが、日本の製造業が国内に
回帰するためには行政、民間企業は何をすべきでしょうか**

　確かに米国ではシェールガス効果などにより、このところ良くなってきていま
す。日本においては基本的に今までの6重苦に中国問題をプラスした「7重苦」
を改善していくことが重要であり、政権交代後は少しずつ良い方向に進んでいく
のではないかと期待しています。

　私が小学生のころに世界の人口は25億人と習った覚えがあります。それが50億
人になり、今は70億人。さらにこれが90億人になるわけですから、狭い地球でい

ろんな問題が生じてまいります。そういう面を考えれば、「省資源」が一つのキーポイントになると思います。ですから、われわれは独自のIT技術を使っていかに無駄なものを作らないかということを進めています。従来は「大量生産で良いものを安く」という工業的発想で発展してきました。しかし、これからは「必要なものだけ、欲しいものだけを作る」という発想が重要になります。売れるか売れないか分からないものを大量に作っている経営者は価値観を変える必要があります。

――最後に、大変苦しい状況にある北陸の製造業が、今後生き残って行くためにはどうすればよいかアドバイスをお願いします

世の中の環境が大きな変わり目になっていますから、必要なのはやはり「チャレンジ精神」だと思います。少なくとも今までの延長線上では厳しいです。われわれはかつて、繊維産業は斜陽化が進む中で絶対に生き残れないだろうと落胆していましたが、企業が存在しているのはそこに「コア・コンピタンス」と言いますか、「成長の遺伝子」があるからだと思います。だからこそ今は企業として存立しているのです。その存立の強みをこれからの世界にどう生かしていくかを考え、「チャレンジ精神」をしっかり持っていれば、いろんな可能性が出てくるのではないでしょうか。

――本日はお忙しい中どうもありがとうございました。

Top Interview 03

取材日:平成25(2013)年8月

世界最高品質を生み出すために金沢で創り続ける
～繊維産業は世界の成長産業～

津田駒工業株式会社　取締役社長
菱沼 捷二 氏

会社情報
【本　　社】石川県金沢市野町5-18-18
【創　　業】明治42（1909）年3月
【設　　立】昭和14（1939）年12月
【業務内容】繊維機械（ジェットルーム準備機械）、工作機械関連機器、
　　　　　　コンポジット機械、ロボットシステム関連事業ほか

——御社の歴史を見ますと本当にたくさんの危機を乗り越えてこられました。まずその原動力はどこにあったのか教えてください

　私どものメイン事業は「繊維機械」であり、もう一つは「工作機械関連」です。主力製品である織機は1970年代前半から市場環境が厳しくなりました。その主な要因が昭和46（1971）年の「ニクソン・ショック」であり、昭和48（1973）年から始まった「変動相場制」です。それまで1ドル360円だった固定レートが変動制になった途端に300円ほどまで高くなり、さらに昭和60（1985）年の「プラザ合意」では300円が240円、その後は120円という倍の力になってしまいました。その流れを受けて日本のバブル経済が始まり、それがはじけた後に80円くらいの超円高になったのです。その間、経済のけん引役だった輸出型産業はますます疲弊が進み、1970年代の「オイルショック」ではたくさんの企業が破たんしました。

　当然のことながら私どもも度重なる危機に直面しましたが、それを乗り越えてきた原動力はやはり技術開発力にあります。昭和50（1975）年に主力製品である「ウォータジェットルーム」や「エアジェットルーム」の試作機を開発し、昭和52（1977）年に販売を開始しました。そうした画期的な技術革新によって生き長らえることができたのだと思います。また、当時は私どもの周辺に「津田駒」への大きな期待感がありました。それが生産効率の高い織機の開発であり、その期待にうまく応えることができたということです。

その後は、平成9（1997）年に「アジア通貨危機」があり、2000年代に入ってからは「ITバブルの崩壊」がありました。そのころには既に生産の90％以上が海外向けでしたので少なからず影響を受けました。平成20（2008）年にはリーマン・ショックによってそれまで好調だった工作機械関連の仕事が激減しました。昨年は、中心市場である中国との間の政治的な問題にも影響を受けました。

――円高が続く中で、国内で生産して輸出するというモデルにこだわって成功してこられたのは技術力があったからというお話ですが、海外生産についてはどのようにお考えですか

現在、中国には工場が2カ所ありまして、一つはウォータジェットルームの会社ですが、従来の生産能力を3倍にしようということで本年7月に新工場を開所しました。もう一つはエアジェットルームの合弁工場ですが、今は機械を据え付けている最中で9月から稼働します。

実は、織機は作るのがなかなか難しいのです。織機1台当たり2千数百点の部品で構成されていまして、それがユーザーの織布工場では1日24時間、365日の連続運転をしています。破壊試験のような使い方をされますが、10年、15年と運転してもまったく変わらないような性能を維持しています。実際にこうした機械は今のところ日本や欧州などかなり高度な加工技術を持っている先進国でしか作れません。もちろん中国でも作れますが、日本と同じような高精度の機械を作るとすればほとんどコストが変わらなくなります。だからこそ日本で作り続ける意味があるのです。

――そうなりますと、中国の工場は現地の需要を満たすためのものであり、世界の需要に対しては日本の工場から輸出するというすみ分けになりますか

中国は人口13億～14億人を擁する世界第2位の経済大国ですから、GDPが増大すれば中国における繊維の需要はさらに拡大します。その内需のために購入する織機は輸入ではなく国産になるはずです。なぜなら織機を輸入しても内需向けのため外貨が稼げないからです。

今後、中国の繊維産業は内需が拡大して10年、20年と着実に成長を続けるでしょうし、それを狙って私どもは中国内需向けの工場を現地に建てました。既に

中国には私どものコピー機を作る工場がたくさん存在します。彼らはまさに「安かろう・悪かろう」といったレベルで織機を作っていますので、これは間違いなく淘汰されるだろうと思います。ですから、そこに私どもは乗り出そうとしているのです。

──御社では今後中国以外の国において織機を生産する可能性はありますか

先ほど申しましたように、織機は2千数百点の部品から作られていますので、例えば今すぐにインドやタイ、ミャンマーなどで作ろうとしてもできません。やはりある程度、周辺の技術が発達していないと作れないのです。しかし、いずれ必要な技術力が発達すれば、将来的には中国以外の国で織機を作るケースがありうると思います。今、繊維産業の多くが中国に集積しています。しかし、いずれは為替の安い国などに移転するだろうとみています。つまり、国力が上がるにつれて為替水準は高くなりますから、輸出型産業は成り立たなくなる可能性があるからです。たとえ他の国に移転した場合でも私どもは今の生産を維持できると考えています。

例えば、ベトナムで縫製した繊維製品を米国に輸出したとしますと、両国のTPP交渉の結果次第では関税がゼロになる可能性があります。従って、ベトナムで縫製した方が売りやすいということになりますので、インドネシアなどで布を織ってベトナムへ輸出する動きが活発化すると思われます。このようなケースでは同じASEAN自由貿易地域にあるため関税はかからなくなります。そういう意味では、今後ますますASEAN地域の発展が期待されます。さらに、いずれそれらの国々の民度が上がり、一人当たりの繊維消費量が上がれば、私どもにとって大きなビジネスチャンスになります。

──社長は常に「為替に左右されない企業体質を目指す」と言っておられますが、それを実現するために具体的にはどのようなことをお考えですか

為替水準は1ドル100円くらいが一番いいと思っていますが、世界情勢の変化で再び80円台に戻る可能性があります。そうなった場合でも利益が上げられるように多くの選択肢を作っておかなければなりません。織機の部品であれば円高の際には中国から調達し、逆にもっと円安になればこちらから出すというように情

Top Interview 03　津田駒工業株式会社　菱沼 捷二氏　23

勢を見極めながら対応していきたいと思います。

　長い目で見ますと、繊維は衣食住の中の成長産業であることに間違いありません。ただし景気の変動に左右されやすい業界体質がありますので、企業として安定的に収益が確保できるかという不安があります。ですから私どもはメインの織機だけではなく、それ以外の事業として工作機械関連や新しく始めたコンポジット、つまり炭素繊維の加工機械や野菜工場のプラントといった分野を強化しているのです。こうした新しい事業分野を拡大し、さらにレベルアップを図りながら、全体的なバランスによって安定的な収益が得られるような体質にしていきたいと考えています。

　私ども機械メーカーは伝統やプライドを持ち続けておりますので、他所にないモノを作っていこう、世界トップのモノを作っていこうと考えています。そういう意味ではレベルの高さを意識しながらこの世界で競ってきました。ただし、従来の製品ばかりでは収益は上がりませんので、もう少し下請け的な仕事もやるべきだろうと考えています。例えば、航空機向けの部品加工のために「JIS Q 9100」を取得しましたので、そういう方面も今後広げていく予定です。また、野菜工場は野菜を作って売るのが目的ではなく、野菜工場のシステムを作って売ろうという方向です。私どもは輸出型企業ですから砂漠の多い国や南極などでも野菜が作れるようなシステムの開発を進めています。今後は「食の安全のためには投資を惜しまない」という時代がやってくると思いますので、例えば裕福な家庭などでは手間のかからない野菜栽培が受け入れられるだろうとみて研究を急いでいます。

——御社が石川県の工作機械を含めた機械産業の発展に果たされた役割はとても大きいと思います。結果として地域の発展や強みにつながりました

　そうだと信じてさらに努力してまいります。海外のユーザーから「どうして金沢にいるのですか。もっと都会に出て行った方がいいのではありませんか」と問われますが、「いや、うちがここを離れたら、うちの価値がない」と答えています。いわゆるクラスターに支えられながら生きておりますので、ここ以外には考えられないという思いでおります。

　冒頭でのご質問は「生産拠点を日本に残しますか」ということだと理解してお

りますが、実を言いますと「他が残っているから、残ることができる」ということなのです。今まで長年にわたって形成してきたクラスターには、大変精度の高いものを安く作っていただいています。仮に同じ精度のものを他所に頼んだとしたら当然高くなりますので、すなわち「他所へ行ったら、もう生き残れない」ということです。私はいつも「津田駒をさらに大きくして、クラスターとともにどんどん成長していきたい」と思っています。そのためには、安定的に収益を上げ続けなくてはならないと考えています。

——クラスターとともに成長したいという御社の今後の方向性について教えてください

　織機で世界のトップシェアを維持するためには、今の生産規模は落とせません。しかしアップダウンがありますので一部は中国生産でカバーしますが、全体的な変動を抑えるためには繊維機械の比率を今の8割から6割に下げ、他の分野を4割にしようと計画しています。できれば平成27（2015）年には売上高を700億円にまで引き上げて、繊維機械は現状の400億円、他の分野を300億円にします。そうすれば、変動の影響は6割程度の範囲内になりますが、将来的には4割を目指す予定です。400億円で4割ですから、1000億円企業になるということです。

　では海外生産を強化していくと生産量はどれくらいになるのか。少なくともこちらで作る製品の量は今まで以上になることは間違いありません。そういう意味では、サプライヤーにはお願いすることが多くなると思いますし、そうなるように努力します。世界トップレベルの技術力でそれをカバーしていこうと思っています。

　織機は「日本の機械産業のルーツ」といわれておりますように、自動車のルーツでもあり、かなり技術レベルが高いのです。私どもが炭素繊維の加工機械を作りましたところ、米国の大手航空機メーカーから「大変高い技術だ」と称賛されました。一方、私どもは「大した技術ではない」と思っていたのです。それは織機で培われた技術と工作機械関連の技術を取り入れて作った成果だと思いますし、世界でも数少ない機械メーカーだと自負しています。

　今はこのような新しい機械をもっと発展させて世界中で売れるような方向に持っていきたいと努力しているところです。それが完成すれば先ほど言いました

400億円と600億円の道が見えてくるのではないかと期待しています。

——最後にグローバル化が進む中、大変な努力をされながら勝ち残ってこられたトップ企業として、ものづくりで苦労をされている地元の中小企業にアドバイスをお願いします

　やはり世界はどんどん動いていますし、私どももグローバル化の中でいかに生き残っていくかということを真剣に考えています。いわゆる「残すところ」と「残さなくてもいいところ」をある程度冷徹に判断せざるを得ないと思いますし、そうしないと企業は生き残れないと考えています。そういう意味で「日本でこれを作りたい」とか「作ってほしい」とか、レベルの高い分野にどんどん積極的に関わっていくことが重要です。

　また、石川県というのは日本の中でもかなり高いポテンシャルを持っています。災害も少ないですからBCPの観点から企業の立地が進む可能性があります。また、県では自動車や航空機関連の先端技術に非常に力を入れていただいていますし、平成26（2014）年度は新幹線も開業します。そういう意味では、ここでのものづくり産業の将来は明るく、かなりいい方向に進んで行くのではないでしょうか。私どももその中の一つになっていきたいと思っています。

——本日はお忙しい中どうもありがとうございました。

Top Interview 04

取材日:平成25(2013)年12月

「楽観的な赤字」(=将来への投資) こそが 不断のイノベーションの源
～地元で利益を上げ、納税し、雇用を増やすことが企業の使命～

フクビ化学工業株式会社　代表取締役社長
八木　誠一郎氏

会社情報
【本　　　社】　福井県福井市三十八社町33-66
【設　　　立】　昭和28(1953)年5月
【業務内容】　樹脂製建築資材・産業資材・精密化工品などの製造・販売

——御社は設立以来イノベーションを図りながら発展してこられました。まずそのイノベーションをうまく継続してこられた秘訣を教えてください

　戦後、朝鮮動乱のガチャマン景気が終わり米国からナイロンなどの化学繊維が入ってきますと、福井県内の繊維産業は大きな打撃を受けました。そこで、繊維業界を中心とした若手のメンバーから何とかしようとの声が挙がり、福井県では復興策として企業誘致を検討しました。しかし、今もそうですが県内は交通体系の整備が遅れていましたので、県は新しい産業の振興へと方向を変えました。そこで地元の若手経営者らが集まりビニールレザー加工機を2台買って創業したのが前身の福井ビニール工業です。

　創業者である先代社長が言い続けてきたのは「企業力とは、いかに楽観的な赤字をどれだけ持てるか」ということでした。まず、黒字には「楽観的な黒字」と「悲観的な黒字」があり、そして赤字も同様に「悲観的な赤字」と「楽観的な赤字」があるということです。要は、楽観的な赤字の楽観性を持ち続けられるようにイノベーションをし続けるということなのです。市場が未来永劫同じ商品で喜び続けることはないわけですから、われわれが商品を出す時には完成品だと思っていても市場にとって商品は赤ちゃんですので、そこにどんどん現場の知恵が入ってきます。それをより早くキャッチして商品を改良し続けることが楽観的な黒字を

続けるということです。

　しかし、将来的には成熟すると黒字になってきますので、先代は「その間に、いかに以前とは違う楽観的な赤字部門を持つかが重要であって、それをやらないと絶対に企業力は続かない」「経営とは、楽観的な赤字をいかに早く黒字化するかである」と私に教えてくれました。今振り返りますと、われわれは商品のイノベーションとアイテムの広がりに長く携わっています。のれんを続けるということは、毎年そのベースをしっかりとやりながら、常にチャレンジしていくということだと考えています。

──「楽観的な赤字」というのはいい言葉ですね。やはり企業は将来への投資を怠ってはダメだと思います。ところで冒頭でお話があったように御社は地元に産業を起こそうとして設立されました。そういう意味で地域に対する思いが強いのではないですか。一方でグローバル化という流れもあります。そこで御社のこれからの戦略についておうかがいしたい

　そうですね。やはり、地域に生まれて地域に育てられてきたという思いがありますし、福井は地域が見えるサイズだと思っています。

　わが社の売上高構成は、住宅や非住宅を含めて建築関連が多いのです。開発という考え方から言いますと、われわれメーカーはいろいろな情報をもらってきて新しい商品を開発します。お客さまの情報や現場情報を集めて新しい開発のタネを探し、社内で一生懸命検討しながら完成品を作っていきます。それを市場が求める価格に合わせるために不断の努力をしています。

　社内には「最大公約数的開発」と呼んでいる方法があります。例えば、量産することによって製造原価を下げていきますが、このモデルは右肩上がりの時には成り立ちます。この場合は、もらったインプットに対するアウトプットが大きければそのお客さまに対する満足度は高いのですが、なかなかそうもいかないケースがあります。100の情報をもらったけれども80の情報しか返せない時もあります。それを安いからかまわないというのはプロダクトアウト的な考え方なのです。しかし、今のように市場が細かくなってお客さまのニーズも細かくなってきますと、量産して安くするというビジネスモデルはもう成り立ちません。それをやろうとすれば汎用品として海外で作って持ち帰ってくればいいのです。ところが、

われわれが海外へ行ってしまうと企業として福井に残る意味がなくなってしまいます。この地で利益を上げて納税し、雇用を守って新しい雇用を作ろうということがわれわれのDNAに染み付いているからです。

　一方、「最小公倍数的開発」と呼んでいる方法があります。市場が変化する国内でどうやって生き残っていくかを考えますと、一番いいのはone to oneです。これはお客さまごとの開発ということになります。大量の住宅を規格で作る大手ハウスメーカーに対しては注文のロットが比較的まとまりやすいのですが、個別のお客さまではまとまりにくいものです。それをインターフェイスではone to oneにしながら、後ろでインテグレーションをしてICTで生産効率を上げていくのです。そうすればより細かい開発行為ができますし、低賃金で低価格な商品を作っている近隣諸国に勝てるはずです。

　福井県は日本の中心に位置しています。福井から翌日配達ができない地域は、北海道や東北3県の一部、そして沖縄や南九州の山間部などです。残るすべては翌日配達が可能な地域となります。このロジスティックなメリットについて、われわれとしてはかなりの強みとして生かしているのです。

──それは大変に心強いお話です。地域で産業を興した人は自分の会社だけでなく地域から業界全体、社会や国など大きな視点で高い志を持っておられます。今の経営者は「人口の減少で国内は衰退縮小マーケットだから基本的に海外に出る」という人たちが多いのです。しかし、それでは日本の製造業がダメになってしまうような気がします

　そうです。人口の減少とともに、高齢化社会の問題があります。実は高齢者の比率がどこの先進国よりも高いというのは弱みではなく強みなのです。私の経験からしますと、イノベーションというのは現状に満足しないということですから、課題というものはどんどん出てきます。住宅の一次取得層が40歳前後ですから、その人たちが一番元気なときに建てる住宅と、ローンが終わって65〜70歳くらいになった時の住宅とは違うはずです。そうなりますと、われわれには新しい高齢化社会に対応した優しい家づくりという課題をどこの国よりも顕在化できる力があるということになりますので、優位性を持って取り組むことができるわけです。ただし高齢化社会になりますと新しい家に投資するだけのモチベーションは上が

Top Interview 04　フクビ化学工業株式会社　八木 誠一郎氏　29

りませんので、そうなってきた場合はリフォームです。あとはコミュニティーの問題ですから、郊外化して広がり過ぎた街をもう一度戻していくことが大切です。コンパクトにする方向性を企業レベルではなく自治体などの行政も含めて進めていかないと、将来必ず大きな問題を抱えます。ですから、今はその方向性について、行政がしっかりとしたリーダーシップを発揮して進めるべきだと思います。

　一方、アジアに目を向けますと、中国政府は「中式」の住宅はダメで、内装まで仕上げた「日式」の住宅にしようと言っています。やはり日本のクオリティーが非常に高いと認識されているわけですから、われわれの商品は必ずヒットするはずです。今まで培ってきた技術やノウハウは必ずこれから伸びてくる国や地域で顕在化してくる課題だと思いますので、われわれはその巨大なマーケットにおいて現地の地域・風土・文化に合わせた展開をしていく予定です。

　今後グローカライゼーションの推進により、現在 4 〜 5 ％に過ぎない海外売上の比率を10％に高めたいと考えています。

――今おっしゃられたとおり、人口減少・高齢化を悲観的にとらえるのでなく、高齢者も活躍できる豊かな社会を創るという気持ちで見るべきだろうと思います。そうすれば、いろいろな新しい需要・ビジネスチャンスが生まれてくる。そういう意味では、まだ国内のマーケットは成長の余地がありますし、フロンティアが出てくると思います

　私もそう思います。再生可能エネルギー機能を付加した建売住宅などの多様なニーズに対し、われわれは樹脂という性能と成形方法を駆使しながら、それぞれのものがより長期でかつ初期の性能を担保できるようなニッチ的な商品をこれからも作っていきたいと考えています。樹脂の特性だと腐りませんし、水を通さないといった機能が多彩にあります。そうした機能をうまく活用しながら、それぞれの異素材の間に入り、その素材ごとが非常にいい状態が長く保てるような商品開発が必要だと思ってます。

――同感です。これからは環境に配慮した商品開発がポイントになってきます。そうしたイノベーションをコンスタントにやっていくためには人材育成が重要になってきます

環境共生型社会に向けてわれわれができることを考えた時に、化石系由来の材料に非化石系や植物系由来の原料をいかにハイブリッド化させるかという課題にたどり着きました。そこでカーボンオフセットを視野に入れ、木粉樹脂を開発したのです。樹脂に木粉を入れる技術的なベースがありましたので、昨年3月に県内の坂井森林組合と連携して工場を建てました。

人材育成につきましては、本当に難しいテーマだと思います。わが社は昭和63（1988）年に開発部門を福井から東京に移しました。当時はアナログで図面を画いていましたので、社員相互にコミュニケーションが図れていました。しかし、今は機能が多様化して進化すればするほど必要なコミュニケーションが浅くなってきています。ですから、時には敢えてアナログな手法を取り入れるといったことも、コミュニケーションを深める手段となるのではないでしょうか。

日本人が古くから持っていたように、お互いが思いやり、境界を一歩図々しく踏み込んで「どうしたんや」といった関係の人材教育や、一緒に育っていくというやり方があると思います。先代からは「社員数をもって経営の収支をコントロールすることは絶対にしてはいけない」と教えられてきましたので、せっかく当社を選んで来てくれた社員にはリストラはしない方針を伝えてあります。そのためにはお互いに同じことで悩めることが大切だと思いますし、小さな問題にも一緒に話し合える環境づくりがこれからは必要だと思っています。

——北陸でのものづくりは大変難しい時代に入ってきたと思いますが、最後に北陸のものづくり企業に対して何かアドバイスがありましたらお願いします

北陸は「技術集積エリア」だと思っています。私は経済同友会で「北陸新幹線を西に延伸するというのではなく、西からの入口にしよう」と呼びかけています。と言うのは、北陸3県の人口は全国の3％弱ですが、伝統工芸士といった国家資格を持っている人の割合が10％を超えるそうです。福井の若狭塗から富山の欄間まで本当に北陸は技術の最大集積地なのです。ところが、今彼らが持っている技術だけでやっていきますと市場は狭くなっていくだけです。それは持っている技術を横に展開しようという企業力がないからです。今は残念ながら持っている技術を一つ下のニーズに落とし込んでいるだけではないでしょうか。ですからなんとかこれらの技術を集積できないだろうかと考えています。何らかのプラット

フォームでこの技術とこの技術を集めて新しい技術ができないだろうかというように思いを巡らせています。

　おかげさまでわが社は多くの事業領域とお客さまがありますので、「フクビ」というプラットフォームの中にみなさんが集まってきて、そういうことができないだろうかと考えています。住宅は地場産業で裾野が広いわけですから、そういった仕掛けができればと思っています。今までのように「こうなってきたのでダメだ」ではなく、その技術をさらに高いところに持っていけるような自らの気概と、そういう土俵を作っていくことが重要だと思います。

　幸いにも北陸には優れた要素技術がたくさんありますので、それらを結び付けてもっとよいものを作っていくことが重要です。そこに踏み込んでいくことが企業としてとても大切だと思いますし、今はそういうところに投資を仕掛けていく時ではないかと考えています。

――本日はお忙しい中どうもありがとうございました。

Top Interview 05

取材日：平成26（2014）年2月

原点回帰"竹平イズム"で新たな飛躍を目指す
～課題克服・成長戦略の答は創業者の精神にある～

三協立山株式会社　代表取締役社長
山下　清胤 氏

会社情報
【本　　社】富山県高岡市早川70番地
【設　　立】昭和35（1960）年6月
【業務内容】ビル用建材・住宅用建材・エクステリア建材の開発・製造・販売。アルミニウムおよびその他金属の圧延加工品の製造・販売。アルミニウムおよびマグネシウムの鋳造・押出・加工ならびにその販売。店舗用汎用陳列什器の販売。規格看板・その他看板の製造・販売。店舗および関連設備のメンテナンス。

――平成25（2013）年の8月にトップに就任されましたが、最初に「10年後にはこういうグループにしたい」といった抱負をお聞かせください

　わが社は現在、対外に公表しております「VISION2020」の実現に向けて取り組んでいるところです。このビジョンですが、具体的な内容は語っておらず、目指すべき規模や業態といった大まかな内容にとどまっています。ですから、その実現に向けた具体的な内容をこれから積み上げていくことが社長である私に課せられた仕事です。実は、このビジョンは社内における意識改革に重点が置かれています。これまでわが社は3年スパンの中期計画を長年にわたり積み上げて取り組んできましたが、目先にある現状の改善というやり方でしか物事を考えてきませんでした。そうしますと、今までトライしてこなかったことが考えとして出てこないのです。そういう意味で、あえて目先の遠いところにポイントを置いて、それに対してどうするのかということを社内で考えていこうという意図があります。例えば、海外展開やM&Aなどにつきましても、これまでわが社はほとんど手を付けてきませんでした。たまたま地域の事情があって「この会社を三協立山でみてもらえないか」という要請で引き受けたケースがありました。しかし、これは事業を発展させる目的で積極的に取り組んだものではなく、地域のためにとやってきたことなのです。ですから、これからはもっと前向きに事業を拡大して

いこうという強い意識で進めております。

　例えば、今の売上規模を3500億円に押し上げようとするならば、今のやり方の延長線上ではおそらく届かないと思います。特に建設関連の国内市場は伸びる要素が少なくなっています。そうしますと、やはり建材以外の分野に出ていかなければなりませんし、あるいは自社の現状を超えた製造能力や技術などを手に入れなければなりません。そういった思考ができるようにと考えてビジョンを制定したわけです。

——国内の既存市場がそれほど伸びない中、これからの長寿社会にふさわしいインフラ整備として多様な需要が出てくるものと考えられます。そうなれば国内でも可能性が出てくる分野があると思いますので、御社が成長戦略として重点的に取り組もうとされていることを教えてください

　やはり重点になるのは、ビジョンの中で語っております3つの方向性です。一つ目は少子高齢化が進みますと改装・リフォームの需要が伸びてくるはずですから、わが社も建材というジャンルの中で必要とされるものづくりにシフトしていかなければなりません。二つ目は将来的に建材の伸びはさほど期待できませんので、建材以外の分野について同業他社とは違った土俵でやっていこうということです。三つ目はあまり取り組んでこなかった海外展開の強化です。

——非建材というお話が出ましたが、非建材分野のターゲットとしては、どういう分野を考えておられますか

　非建材では、あらゆるものがターゲットになってきますので、アルミの材料あるいはマグネシウムなどでトライしています。現時点では国内企業との取引がベースになっていますので、やはり自動車産業が大きなウエートを占めていくと思います。ほかには電機関係や工作機械もありますし、FA（ファクトリー・オートメーション）関係の設備があります。これらのフレームは大部分をアルミで作っていて、そこにいろいろな自動機が組み込まれていきますので、そういうものに対して供給します。用途はとても幅広くありますので、航空機関連もターゲットにしていきたいと考えています。しかし、ハードルはかなり高いと認識しています。

——また、海外展開を強化されるということですが、国内と海外とのバランスについてはどのようにお考えですか。創業者の竹平政太郎さんは、地域への思いが大変強かったように記憶しています

　わが社はものづくりを中心としたメーカーとして生きていこうと考えています。それぞれの市場に対しては、国内向けは国内で生産し、海外向けは海外で生産していくことになります。つまり、需要がある地域の中でものづくりをして供給していこうという考えです。そういう意味からしますと、かつてのビジネススタイルは世界の工場と呼ばれた中国に生産拠点を構え、そこで生産したものを日本国内に持ち帰るというのが一般的でした。しかし、わが社はそのような考えは持っておりません。やはり国内の製造業が空洞化しないことを念頭に取り組む方針です。ただし、国内で培った技術を海外で活用したとしても、作るものが同じかどうかは別です。それぞれの市場で求められるものがありますので個別に対応していきます。

——海外展開を進める一方で国内が忙しくなっていると聞いておりますが、国内の雇用についてはどのようになりますか

　今は建材の工場稼働率が非常に高くなっています。それは、生産設備を一定のレベルまで落としているからなのですが、とにかく生産効率を高めて人員を増やさなくてもいいように取り組んでいます。ですから、雇用を減らしていくような考えはありません。既にかなり低いところまで落としていますので、逆に生産が上振れした時にどうこなしていくかを考えています。特に国内の製造業はとても業績がいいようですし、ボトムに近い位置で構えていますので操業度が上がった分だけ利益が出るようになっています。これはわが社に限らず、国内のほとんどのメーカーが対応していることだと思います。

——過去10年ほど続いたデフレの中で、より筋肉質に変わってきたということでしょうか。最近は国内でのものづくりが難しくなったといわれていますが、そうした中でより発展させていくためにはどのようなことが重要だとお考えですか

　やはり、ものづくり企業が発展するには技術力が必要です。そして、その技術力が世の中で通用するかどうかだと思います。いかに技術力を高め、そのレベル

を維持していくかが重要になります。実際には先端技術の方に目が向いてしまうものですが、地元や全国のメーカーが最先端の技術でビジネスを展開しているのかと言いますと、必ずしもそうではないように思います。極めてベーシックなところをきちんと押さえてやっているように感じますし、そうしたことも重要だと考えています。

　わが社としましては、まず材料から加工して製品にするまでの総合的な力があります。そういうところを強みにしていきたいと思っています。やはり他から見て魅力のあるものでないといけません。今はビジネスの相手が何を求めているかと言いますと、技術力は当然ですがデリバリーという分野も非常に大切な要素になっています。先方が求める時にきちんと届けられるようにサプライチェーンが回っていることも一つの技術力だと考えます。ですから、最先端の技術というよりも、「あそこに任せておけば大丈夫だ」と言われるような体制を製造業として組んでおくことが重要だと思います。われわれはアルミの材料で鋳造をやっています。そして、その材料の組成にしても非常に微妙なところがありまして、多様なノウハウがあります。ですから、自動車部品を作る際に、わが社のアルミ材料であれば非常に精度がいいとか強度が高いとか、そういったところが技術力といえるのではないでしょうか。

――では、そういったノウハウや技術力を伸ばしていくためにも投資が必要だと思いますが、今後の投資方針についてお聞かせください

　「質をさらに高める」といった内容の投資になると思います。ですから国内で生産のキャパシティーを大きく上げることは考えていません。設備を更新してさらに効率を上げたり、コストを下げたり、品質を高めたり、そういう目的の投資は続けていく方針です。

　また、かつては建材市場が世界中で冷え込み危機的な状況に陥りましたので、やはり生産量や販売量が急に落ち込んでもフレキシブルな対応ができるような体制にしたいと考えています。例えば、低い生産量でも採算が確保できる体質を築き、量が増えてくるような場合には生産のシフトを上げる形で対応したいと思います。単に量が増えたからといって工場を増設するようなことはしません。保有設備の中で吸収できる体制にしたいと考えています。

——富山県内の中小企業が今も大企業の下請けに入っていればいいみたいな考えが強くありまして、この体質を変えていかなければ県内のものづくりの裾野が小さくなっていくような感じがします。中小企業が活発に成長していくためのアドバイスをお願いします

　わが社にはたくさんの協力企業がありますが、こちらの要求することだけに応える意識でいたならば、わが社が成長しなければその会社も成長しないことになります。創業時の理念は、三者協力のもとにやらなくてはいけないという「三協」でした。しかし次第に「協」が抜けて、わが社がその三者のために存在するというスタイルになってしまいました。ですから、待っていれば何かしてくれるだろうという意識が生まれたのだと思います。

　必要なのは、「親会社がなくなっても、どこでもビジネスができるくらいの力がある」ということです。かつては系列のピラミッドがあり、それぞれが発展できたのかもしれませんが、「自力で生きていける」という形にならなければいけないと思います。さらに、何が必要なのかは各社で考えることが大切です。わが社とお付き合いがある企業でも、自力で生きる意識の強い経営者はいろんな方面のことを考えていますし、逆にわが社に「こうしないとダメではありませんか」という提言をしていきます。他方、常に待ちの姿勢でいる企業は徐々に力が落ちてきているように感じます。ですから、「そうなるのではないか」という危機感や意識がないと次に進めないと思います。しかし、世代が変わり、そういう意識を持っている2代目経営者の企業は活力があります。場合によってはわが社よりも進んでいるように思えることがあります。

——創業者の理念について触れられましたが、御社の課題克服や成長戦略を実現する鍵は創業者の"竹平イズム"の中にあるような気がします。いかがでしょうか。

　創業者は、熟慮を重ねてこの分野だと思ったら積極的に設備投資をして、他社より先に製品を市場に出して成功しています。私が社長に就任した際に、「守りと攻め」ではなく「攻めと守り」だと強調したのもこのことなのです。そしてこの「攻め」の中心にあるのが投資なのです。それも今までは設備の維持更新ばかりでしたが、これからは新しい分野に参入しようとなれば積極的に投資を進めていきます。また、海外に出る場合にも相応の投資をする予定です。今後は攻めの

投資に軸足を移して三協立山グループを引っ張っていきたいと考えています。

　私もいろいろなお客さまのところに出向いて話をしておりますが、お客さまにはいつも「みなさんはわれわれのお得意様です。われわれと協力してください。お互いにきちんとやっていきましょう」ということをお願いしています。やはり創業者が考えていたことをきちんと受け継いでいかなくてはいけないと感じています。さらに社内の意識においても、もう一度創業者の精神を大事にしていきたいと思っています。

──本日はお忙しい中どうもありがとうございました。

Top Interview 06　　　　　　　　　　取材日：平成26（2014）年9月

真のイノベーション・カンパニーを目指して
～福井から発信するものづくりのあり方～

日華化学株式会社　代表取締役社長
江守 康昌氏

会社情報
【本　　社】福井県福井市文京4丁目23番地1号
【設　　立】昭和16（1941）年9月
【業務内容】繊維工業用はじめ各種工業（金属・製紙・塗料・染料・合成樹脂等）用界面活性剤等の製造販売、業務用クリーニング洗剤、医療器具用洗浄剤等の製造販売、化粧品の製造販売

——御社の歴史はイノベーションの歴史だと思いますが…

　そのとおりです。父は「研究開発と営業は車の両輪だ」と公言していましたし、「製品を売るにあらずして技術を売る」がモットーでした。私なりに解釈しますと「これがうちの商品です、使ってください、値段はこうなんですよ」という商売ではなくて、「われわれは皆さんの課題を一緒になって解決していきますよ」ということです。お客さまに困りごとがあれば「日華に頼もう」、新しい製品の要望があれば「日華と一緒に作ってみよう」というパートナー的な役割が担える企業を目指しています。これは国内ではある程度の展開ができていますが、さらに進めていきたいと思っています。やはり北陸に研究所を置いて一緒に事業に取り組んでいくことが一番のポイントです。国内でキッチリとものづくりとイノベーションをやり遂げるよう創業者からずっと引き継いできましたので、今後も続けていきたいと考えています。

——そういう意味で会社の遺伝子としてイノベーションのDNAが組み込まれているように拝見しますが、そういうイノベーションというのはやれと言ってできるものではないように思います。常に創り出していくための努力というのはどのようなところにあるのでしょうか

　そうですね。一つ目は、お客さまからいろいろなことを教えていただき、課題

を共有するということです。それに対して挑戦していくわけですが、それだけではなく、その課題を通じて、加工工程全体でお役に立てることはないか、常にお客様の目線で考えています。

　二つ目は、190回続いています「研究発表会」です（2019年3月現在で207回）。これは年に３〜４回程度の開催ですが、わがグループの研究員約200名を対象にそれぞれの研究成果を発表しています。そうした場でいろんな議論がなされたり、発表をするために取り組んだりしていることが研究者をはじめ社員らの刺激になっているように感じます。

　三つ目は、昭和42（1967）年、まだまだ小さな会社でしたが創業者は研究所を建てました。当時は「日本海側最大の研究所」と呼ばれるほどの規模でした。その後、平成元（1989）年には今の研究南館を建てています。振り返りますと、わが社の投資金額は大手他社からみると微々たるものだと思いますが、研究開発にはかなりの投資をしてきたように思います。「社長室はみすぼらしくても研究施設はいいものを造っていこう」というのが創業者の考えでした。かつて売上高に対する研究開発の投資額は７％くらいでしたが、今は海外の売上高が増えてきましたので５％くらいになっています。

──その結果、御社は技術力でグローバル・ニッチ・トップに登りつめてこられたということでしょうか

　おかげさまで繊維産業の界面活性剤では国内で圧倒的なナンバー・ワンになりました。しかし、中国では事情が異なります。ピラミッドで表しますと、最も下部のところは中国のローカル企業が作っている安価な製品でこれが大量に売れています。それに対し、わが社の製品はむしろピラミッドの上部のところにあります。そこにわが社は確固たる地位を確立しているのですが、ボリュームではまだ世界ナンバー・ワンになっていません。当然ボリュームゾーンを取りにいきますが、やはり国内で原料を作って中国に持って行ったのではダメなのです。そして日本人が考えて中国に展開していってもダメなのです。やはり中国の現地の人たちが考え、中国の原料から「日華スペック」の製品を中国の工場で作ってお客さまに納めないといけません。そうしなければピラミッドの真ん中の市場は取れないのです。そのために平成14（2002）年に「日華化学リサーチ＆デベロップメン

ト・センター（研究中心）」を上海に設置しました。中国の巨大な市場において、わが社のシェアは３％程度とまだまだ小さいのです。国内シェア30％を45〜50％にするのは大変ですが、中国の３％を５〜６％にするのはそれほど大変ではないと思っています。平成28（2016）年までには少なくとも５％のシェアを確保して名実ともにグローバル・ニッチ・トップに昇りつめたいと思います。

――中国にR&Dセンターを作ったというお話ですが、御社は早くから海外にも出ておられます。海外での生産体制について教えてください

化学品の６割は海外で生産しています。化粧品はまだ国内が中心になっていますが、化学品のユーザーは基幹産業という意味では海外に移ってきている状況です。わが社は生産材の販売をしていますので、お客さまが移転した先が生産地であり現地なのです。日系企業への売上高はそれほど高くはなく、販売先のほとんどが現地の繊維産業関連企業で全体の約７割を占めています。

かつて繊維はわが国の花形産業でしたが、為替が変動相場制になると円高が進行し、国内の人件費も上がって韓国や台湾に出ていきました。それからさらに人件費の低い地域へと繊維産業のボリュームゾーンが流れていきました。平成３（1991）年には合成繊維の生産量はわが国と中国はほとんど同じでした。今やわが国の生産量は年間50〜60万トン、中国が３千数百万トンで50倍もの差が出てしまいました。やはり現地の企業がどんどんボリュームを追って大きくなっていますので、わが社がそれを追い続けていくと必然的に海外へシフトしていくことになります。そんな中でわが国の繊維産業は生き残りをかけて先端的な取り組みをしています。例えば、繊維からカーボンファイバーへ、衣料から産業資材へと移行しています。

国内市場は新たな製品開発や用途開発の場になっています。ですからわが社は、国内で高機能あるいは新しい分野を徹底的に追求し、海外ではボリュームを狙っていきます。

国内の繊維産業は成熟期を迎えていますが、世界で見ますとものすごい成長産業で、年率３〜５％程度伸び続けています。かつての生産拠点は欧州、米州、アジアだったのですが、米州や欧州ではコスト的に採算が合わなくなり、今はアジア方面に集中してきています。欧州や米州は遠くて出向くのが大変ですが、アジ

アは近所ですし価値観もとてもよく似ています。わが社の生産拠点はほぼアジアにあるといっていいでしょう。国内だけで見ますと厳しい状況になりますが、アジアをキッチリと押さえていけば世界を押さえられるということですから、私は同時にチャンスがきていると思っています。

——アジアに生産拠点が集中するとなりますと、国内生産の役割はどのようになりますか

北陸産地をはじめ京阪神地区や中部地区に大手のお客さまがいらっしゃいますが、そこを中心とした生産体制から海外に向けた生産体制に変わるというのが一つあります。海外に向けた生産体制とは、国内で付加価値の高い製品の原料を作り、これを海外に輸出して現地で製品化して展開していくという方法です。これでは円高の際には不採算となりますから、例えばアジアの中心に位置する台湾で原料を作り、そこからアジアにあるわが社の拠点に展開していくやり方が考えられます。今は円安に振れておりますが、為替や景気に左右されにくい体質づくりを進めていきたいと考えています。これが一番大きな経営課題だと思っています。

国内の生産体制がどうなるかというご質問ですが、原料の効率生産をするのが一つ。もう一つは、新しいものを創造していくということです。例えば先ほども言いましたように、国内の繊維産業は多様な分野で進化しています。その進化に対してわが社はきちんとついていく、あるいはお客さまに対してきちんと提案できるような開発をやっていくということです。

一方で、われわれは平成24（2012）年を「改革元年」と位置づけ、経営戦略の見直しを行いました。界面活性剤というのは多様な用途に使われています。繊維はもちろん、紙や金属の分野でも使われていますが、将来的に国内に強く残りうる産業、あるいはわが社が真正面から取り引きさせていただける産業に選択と集中を行いました。既に相応の収益はあったのですが、金属加工用薬剤事業を売却したり、製紙用薬剤事業を縮小したりを繰り返しまして、とにかく少量でもきっちりと収益が確保できる体制に再構築しました。

さらに新規育成部門を作り、わが社がもっと強みを発揮できる用途展開はどこなのかを探っているところです。平成24（2012）年をベンチマークにして平成28（2016）年までの5年間で新規事業比率を60％にしようとしています。新しいお

客さまに従来の製品を展開し、従来のお客さまに新しい製品を展開すると同時に、今まで取り引きがなかった電子分野や医療機器分野に対してわが社の製品を販売しています。これらはまったくの新規ですけれども、売り上げの60％を占めるボリュームや収益を確保していこうという目標を揚げています。

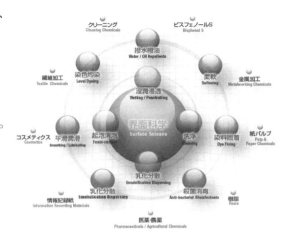

――選択と集中というお話がありましたが、今後の有望分野としてはどういったところをお考えですか

　例えば医療用の洗浄関係です。これは少子高齢化に向けて非常に重要なジャンルになってくると思います。それからいろいろな特殊樹脂用の原料があります。界面活性剤の技術を応用すればいろんな展開がありますが、わが社は界面活性剤だけではありませんので、「スペシャルティ・ケミカル・メーカーになろう」と標ぼうしています。これは今までの技術を融合して、まったく新しい付加価値の高い製品を作り上げていこうというものです。その中に、医療分野の洗浄がありますし、電子分野のケミカルもあります。そういうところを強化していきたいと思っています。

　一方、海外展開をさらに強化していくために、新たにバングラディシュで営業拠点を構えて展開していくことも視野に入れています（平成26〔2014〕年に香港日華バングラディシュ事務所開設）。要するに、新しいイノベーションを興していくのが国内の役割であり、量的な拡大を図っていくのが海外の役割ということです。これらをキッチリと両立していく必要があると感じています。

――スペシャルティ・ケミカル・メーカーとはどういうものか、もう少し具体的にご説明いただけないでしょうか

われわれは界面活性剤を中心として世界に展開していますが、平成22（2010）年には茨城県に鹿島工場を設置し、そこで樹脂の原料となる精密な非イオン界面活性剤が作れるようになりました。この時点でわが社は本当の意味での界面活性剤メーカーになったといえます。そこで今年は平成28（2016）年までに「スペシャルティ・ケミカル・メーカー」になろうと決めました。それはどういうものかと言いますと、例えばフッ素技術と界面活性剤技術を融合しますと、風力発電のグリースになります。さらにアクリル、ウレタン、シリコンの技術を融合しますと今までにないような表面改質剤ができますし、樹脂用の非常に有用な原料にもなります。要するに、いろいろと組み合わせをして開発し特殊な価値を生み出していくわけです。

　創業75周年を迎える平成28（2016）年以降は「イノベーション・カンパニー」になろうと考えています。同年には「イノベーション・センター」を本社に設置します。そこにお客さまや大学の研究者、そして世界各地からたくさんの人たちに集まっていただいて、「日華化学とこんなことをやりたいんだよ」「こんなものを作ってくれよ」となった時に対応できるような技術基盤を確立しておきたいと思っています。引き出しに入れておいたものが現実化され、それがどんどんお客さまの付加価値となって出ていくような企業にしたいと考えています。その際にはナノテクやバイオマスの分野など、産官学を積極的に展開し、世界に貢献できる非常にユニークな企業になっていきたいのです。

──平成28（2016）年以降、イノベーション・カンパニーになるという目標は素晴らしいと思いますが、国内では特にこの20年間はデフレということもあったためかイノベーション・技術開発が非常に遅れてしまったような気がします。新しいものを作りだす、それに挑戦していく企業に変わっていくためには何が必要でしょうか

　わが社もそのように変わっていきたいと思っています。その一つの方針が、先ほど申しました平成28（2016）年に「イノベーション・センター」を作っていこうということです（平成29〔2017〕年11月にNICCAイノベーションセンター開所〈後記〉）。私は、いろんな知識を持った人たちが集まるセンターにしたいと考えています。ですから研究者だけでなく、営業や場合によっては生産技術、お客

さま、すぐ近くの福井大学や他の大学、行政の担当者など多くの皆さんがどんどん集まって互いにアイディアを出し合うという雰囲気にしたいと思っています。今までとは違った雰囲気を醸し出しながら、自由な発想でセンターとしての役割を果たしていけたらと思います。その間、海外では足腰を鍛えながら積極的に営業展開をし、事業基盤を固めます。このような役割分担がこれからのイノベーションのスタイルだろうと思っています。

――そういう意味では、わが国の企業文化はもう少し変わっていかなくてはいけないですね

そうですね。特に北陸は質実剛健なイメージがあります。ものづくりはとても大事なのですが、いわゆる「クオリティ・エクセレンス」に頼りすぎて「イノベーション・カンパニー」というところまでいかないように感じます。ですから私はよく社内で「エキサイティングな会社にしよう」「つまらない会社はやめよう」と言っています。何かが起こりそうなワクワク感といいますか、そういう雰囲気の会社作りをしたいなと思っています。

――本日はお忙しい中どうもありがとうございました。

―――――――――――――――――――――――――― 平成31（2019）年3月追記

当社は平成29（2017）年11月に、研究開発の中核拠点として「NICCA イノベーションセンター（NIC）」を開所。世界各地から人が集まり、「ワイワイガヤガヤ議論を交えながら、新たなイノベーションを生む場を創ろう」を合言葉に、情報や製品が行き交い、イノベーションが生まれてくるようなオープンな「場」をイメージとしたこの新拠点には1年余りで約7500人もの来場者が訪れ、以前から思い描いていた交流の場は現実のものとなりました。

平成29（2017）年からの中長期経営計画では、2025年までの全社基本ビジョンを「世界中のお客様から最も信頼されるイノベーション・カンパニー」と掲げ、NICを軸に、より一層ビジネスパートナーとの距離を縮め、社内外の情報やアイデアを組み合わせることで新しい製品と事業の創出を加速していく計画です。ま

た、NICを産官学連携のプラットフォームとして活用することで、既存事業分野はもとより、環境、電子材料、医療・福祉、自動車、先端素材など各分野でのオープンイノベーションを推進し、事業化を目指してまいります。

　平成31(2019)年3月、NICは日本での建築におけるトップクラスの賞である「日本建築大賞」を受賞しました。福井の自然、風、地下水、太陽光をフルに活用することで環境負荷低減を実現し、国土交通省のサステナブル建築等先導事業に採択されている点、また、新しい働き方と働く環境についての提案として、人と人が交じり合う空間を取り入れ、異業種が交じり合える建築物としている点を評価されての受賞です。

　ここで生まれたたくさんのつながりに今後も心を込めて対応し、社員が能力を発揮しやすいよう働く環境を整えた上で、社員とお客様と心が通い合う関係を築き、新たな技術を生み出し社会の課題を解決する。これからもそんな会社を目指していきます。

NICCA イノベーションセンター外観　　4Fからみたフロア全体の様子

Top Interview 07　　　　　　　　　取材日：平成26（2014）年11月

創造をチカラに富山から世界への挑戦
～ジェネリック医薬品で世界トップ10入りを目指す～

日医工株式会社　代表取締役社長
田村　友一 氏

会社情報
【本　　　社】富山県富山市総曲輪1丁目6番21
【東京本社】東京都中央区日本橋本町1丁目5番4号
【設　　　立】昭和40（1965）年7月
【業務内容】医薬品、医薬部外品、その他各種薬品の製造販売輸出入等
　　　　　　循環器官用薬、消化器官用薬、呼吸器官用薬、中枢・末梢
　　　　　　神経系用薬他、1000品目

——来年が創業50周年になるとお聞きしていますが、社長はこの50年をどのように感じていらっしゃいますか

　入社して25年、社長に就任してから14年が経ちました。就任当時は100億円程度の売上高でしたが、昨年度は1000億円を突破しました。しかし、振り返りますと大変な時期がありました。創業来、ジェネリック医薬品メーカーの道をひたすら歩んできましたが、平成2（1990）年に先発医薬品の分野に参入しました。しかし、体力のない当社は売り上げ不振に陥り、ジェネリック医薬品についても研究開発が滞ったため厳しい局面に立たされました。そこで、平成7（1995）年に先発医薬品から撤退し、原点であるジェネリック医薬品への回帰・特化を決めましたが、軌道に戻すまでにかなりの時間を要しました。一方、設備投資をしないとメーカーとしては生き残れませんので、業績不振にもかかわらず大掛かりな投資を実施したため、平成8（1996）年11月期決算から3期連続の最終赤字を余儀なくされました。その後はメインバンクや周囲に支えてもらいながら、何とか復活することができました。

——そうした苦い経験から生まれた危機意識がバネになって今日の飛躍があるのでしょうか

　そうですね。私は二代目になりますが、学生時代はいずれ自分が後を継ぐのだ

ろうと漠然と構えながら割と何不自由なく育ってきました。そして商社を経て入社し、取締役から代表取締役専務になって後を継ぐのも近いと思っていた矢先に会社の危機が訪れたのです。それをきっかけに従来の価値観や考え方がかなり変わりました。今の経営のポリシーである「つぶれない会社、人を切らない会社」になるためにはどうすればいいのかをずっと考えてきました。私が社長になってから6つの会社に対してM&Aを実施したのですが、自己都合で辞める場合は仕方ありませんが、会社側から社員をリストラするようなことは一切ありませんでした。

——御社の歴史を見ますと創業時からM&Aを結構なさっています。企業を買収しますと重複した部分を減らすというのが常套手段だと思います。しかしそれが一切なかったのはどういう秘訣があったのでしょうか

先代は創業当初から東京の注射剤メーカーを買収したり、大阪にあるOTCの会社を買収したりしていました。私自身も事業の拡大を図る際の一つの手段だと思っていますので、それをうまく活用できたのだと思います。

まず、人を切らないために何をすべきかを考えました。そこで、買収した会社の従業員をいかに富山の本社に目を向けさせるかに苦心しました。買収した会社はいずれもジェネリックメーカーでしたが、営業部門は日医工に統合しました。さらに、子会社化した先の工場を運営するにあたり、機能をそれぞれ独立させました。例えば、富山県には注射剤工場と経口剤工場がありましたが、最初に買収した愛知県のマルコ製薬も同じように注射剤と経口剤の工場を持っていました。そこで愛知県の経口剤を富山県に移し、富山県の注射剤を愛知県に持っていったのです。このような選択と集中により、愛知県では大規模な設備投資をして注射剤の生産能力を高めました。そうしますと、「今後、どうなるのだろう」と不安だった買収先の社員らは、いきなり設備投資が始まって新たな仕事が増えてきたことに対し安心したと思います。さらに、社内では絶えず「日本一のジェネリックメーカーになろう」と呼びかけました。どうせなら「世界ナンバーワンを目指したらどうか」と励まされましたが、身の丈を考えてそれでも高い志として「ジェネリックで世界トップ10入りを目指そう」を掲げました。新しい経営計画にはそうした目標を織り込んでいます。

──やはり危機を乗り越えてこられた原動力が今につながっていると思います。その原動力が御社の強みだと考えられますが、具体的にはどのようなものでしょうか

日医工そのものが家業でしたから、「つぶしたくない」という強い気持ちと、不幸にして先代は平成15（2003）年に亡くなりましたので、「これからは自分一人でやっていくしかない」という気負いが原動力だったと思います。さらに先代がいないことで意思の決定が早まったということがあります。例えば、先代に相談していたら「やめておけ」と止められるケースが多分にあったと思います。そうしているうちに絶好のタイミングを逃していたかもしれません。6社のM&Aに関しても先代なら反対したのではないでしょうか。今もスピード感は大切にしていますし、創業家だからできる判断というものがあるように思います。

──先ほどおっしゃいました「ジェネリック医薬品で世界トップ10入り」ですが、売上高はどれくらいを目標になさっていますか

平成23（2011）年に立てた第6次中期経営計画「Pyramid（ピラミッド：平成25〔2013〕年3月期～平成28〔2016〕年3月期）」に織り込んでいます。計画時の為替相場が1ドル80円台後半から90円くらいでしたので、1300億円の売り上げを達成するとトップ10入りできるという目論見がありました。しかし、今は円安が進んでいますし、世界のジェネリックメーカーが再編してそれぞれ成長していますので、正直なところ1300億円を達成してもトップ10入りは難しいでしょう。しかし、当初の計画1300億円は必ず達成しようと考えています。もしその倍になれば国内の製薬メーカーの中でもトップ10くらいに位置できますので、次の経営計画では3000億円を目標に掲げたいですね。

──そこに到達するまでの道筋を既に頭の中で描いていらっしゃると思いますが、具体的な戦略があれば教えてください

やはりジェネリックに関しては量的な拡大が今後も続くと思っていますので、機会損失のないように安定供給の体制を整えることが一つ。

そして次が成長の柱です。わが社としては特許の切れた医療用医薬品をすべて手掛けようという思いでおりますので、バイオシミラー（バイオ後続薬）や抗が

ん剤といった分野が全部ターゲットになってきます。今も開発を進めているところですが、手掛けられるメーカーというのは限られていますので、そういう中で差別化をしたいし、次の収益の柱に据えていきたいという思いもあります。そして、海外展開です。海外の売上高はバイオシミラー次第になりますが、500億円くらいになればと考えています。

——既にタイや米国など海外展開を進めておられますが、最初にタイをターゲットにされた理由は何でしょうか

　シンガポールは別にして、東南アジアではマレーシア・タイ・インドネシアの３カ国はASEAN10カ国の中心的な存在になっています。その中でタイが一番リスクが少ないと感じました。そしてASEAN経済共同体ができた時には、タイとインドネシアの医薬品のデータがASEANの中で有効かつ最も評価されると予想していましたので、このどちらかを選ぶとすればタイだろうと考えました。

　今は少し遅れていますが、将来的にはタイとインドネシアの承認データがASEAN各国の共通のデータとして受け入れられる可能性があります。そうすれば他の国の申請は簡素化できるのではないかと期待して最初の進出先にタイを選んだのです。

　しかし、タイ国内での生産はまったく考えていません。例えば、海外で生産をするなら、やはり韓国と台湾の２カ国になります。現在、バイオシミラーなどは韓国で最も生産が進んでいますが、ASEANで評価してもらう時には日本国内で作った付加価値のある品目を海外で展開したいと考えています。ASEANだけで流通させるのであればタイやベトナムに工場を作るのもよろしいのですが、あくまでも日本国内の市場を対象にするならば、品質面などを考えますと投資効果が悪いので日本国内に持ってきた方がよいという発想になります。

　また、タイやベトナムで作った製品を日本国内に持ってくるとするなら、わが社の力としては投資額が過大になりますのでそれは不可能だと判断しています。ですから、日本国内で作ったものをASEANへ持って行って、付加価値のある製剤を富裕層やプライベート病院で展開したいと考えています。

——バイオシミラーが柱の一つになるということですが、普通の化学のジェネ

50

リックと違って完全に同じものを作るというのは難しいのではありませんか

　まったく同じものは前提としてあり得ません。類似性をいかに示すかがポイントになります。生産工場は別になりますし、通常のジェネリックである低分子の医薬品については人の血中濃度の分布だけで承認になりますが、バイオシミラーに関しては人での類似性を臨床試験を行い有効性と安全性の面から証明しなくてはなりません。国内はもちろん世界中どこでも同じガイドラインに沿っていますので開発費用がものすごくかかります。

　わが社は今、バイオシミラーの開発をかれこれ3年半くらいかけて進めていますが、昨年から今年にかけてピークで35億円くらいの開発投資をしています。トータルとして1品目40億円になりますので結構大変です。これに加えて、通常のジェネリックの開発費も発生しますので今が一番しんどい時期でしょうか。

　従来のジェネリックにつきましては、平成30（2018）年ころにピークアウトし、その後10年くらいはブロックバスターと呼ばれる大規模な先発医薬品の特許切れがありません。ですから、わが社はそのピークアウト時にバイオシミラーを上市できるように計画を進めています。つまり、新しいものが出てこない端境期をバイオシミラーの新製品で埋めようということです。そのために、今は4品目を手掛けているところです。

——それがマーケットでスムーズに受け入れられて売れるのかどうかという問題があります

　そうですね。バイオシミラーに関しては医療機関の先生方で賛否が分かれています。人の臨床試験データを以って類似性をお示ししても、「それでは証明できないのではないか」と言う先生もいらっしゃいます。しかし、われわれは海外データをまったく使用せず日本人による同等性を示していますので、国内の先生方には割と説明がしやすいと思っています。

　バイオ医薬品は結構高額です。1回の治療で10万円ほどの個人負担がかかります。それがジェネリックと言いますかシミラーが出てくれば、多分その半分くらいになりますので患者さんにとっても大きなメリットが出てきます。同じ効果があって国の承認が取れているのであれば、患者さんの方から医療機関に「使ってみたい」と申し出るケースが今後は増えてくるでしょう。

——御社には富山県における薬業の発展のためにリーダーシップを発揮していただきたいと思います。では、県内の業界がもっと発展していくための課題は何でしょうか

　発展の物差しが生産数量だとすれば大手製薬メーカーの工場誘致が一つの方法だろうと思います。生産数量が多い静岡県には、わが社もそうですが国内大手の工場が進出しています。一方、富山県には地場の工場が数多く立地していますので、行政も古くから応援しやすかったでしょうし、国も医薬品産業の主要都市として認めていると思います。富山県では医薬品産業に対する支援の土壌ができ上がっていますから、生産数量だけを考えれば工場の誘致が選択肢の一つになります。北陸新幹線が開業すれば東京から最短で2時間8分と近くなり、これに航空便を組み合わせれば利便性が一層高まります。

　しかし、生産数量が上がっても本当に地元への経済効果があるのかという問題があります。それには開発拠点の整備がもっと必要だと思います。創薬だけがすべてではないですから、製剤的な工夫など研究開発に対する支援を行政が活発に進めるべきでしょう。富山県には富山大学の薬学部がありますし、経皮吸収剤やわれわれのように経口剤や注射剤を開発しているメーカーもあります。研究開発投資に対して積極的な支援があれば、新しい付加価値のあるものが出てくるとともに生産数量が増えていくと思います。

——企業の社会的責任というのは雇用を創出して地元経済の循環を大きくしていくことに貢献することだと思います。御社には、これからも富山にこだわって、地元のために成長していっていただきたいと思います

　富山の企業だからこそ富山で長年にわたり投資を続け、地元で多くの方々に支えられ少なからず人材が育ってきつつあります。それがある一定の塊になった芽がありますので、わが社ぐらいの規模でしたら新たに他の地域に投資するよりもその芽をもっと伸ばした方がいいと考えて富山にこだわっています。

　現在の生産拠点は全国に7カ所ありますが、会社がもっと大きくなって体力がつけば生産や開発の拠点を他に設けようと思うかもしれません。しかし今は、全国各地から採用し、各工場・拠点から富山に開発および本社機能を集中させてきましたので、そこを伸ばすのが一番いいと思っています。

——本日はお忙しい中どうもありがとうございました。

Top Interview 08

取材日：平成27（2015）年２月

圧倒的トップのビジュアルテクノロジーカンパニーを目指す
～メイド・イン・石川にこだわり高品質な商品を創出する～

EIZO株式会社　代表取締役社長
実盛　祥隆氏

会社情報
【本　　社】 石川県白山市下柏野町153番地
【設　　立】 昭和43（1968）年3月
【業務内容】 EIZOブランドのモニターを製造販売。医療・グラフィックス・航空管制・鉄道・船舶ほか産業用途向けにモニター及び関連製品、ソリューションを提供

——社長は50歳になられる直前の平成６（1994）年に大手電子部品メーカーのエリート社員から同社を退職して、財務体質も弱い地方の中小企業にすぎなかった御社へ入社するという厳しい選択を迫られたと聞いております。心中はかなり複雑だったと思いますが、どういう思いで引き受けられたのですか

　私がここに来た理由は、少し大げさになりますが経営の立て直しということです。当社は私が勤めていた大手電子部品メーカーの創業者がセットメーカーの立場で部品のニーズを見てみようと設立を決めたわけですが、資本関係を持たせると同社の得意先と競合することになるため、創業者個人が出資して当社を立ち上げたのです。設立してからは順調に規模が拡大し、パソコン用のモニターにおいては自社ブランドが持てるところまで成長しました。しかし、私が入社した当時は今の液晶テレビと同じようにブラウン管テレビが大幅に値下がりをしておりまして、片や周囲を見ますとパソコンが台頭期を迎え、それが高い値段で売れていたのです。すると、同じ画像だからという理由で大手の電機メーカーがこぞってこの分野に参入し、さらに利益を無視してシェアを取りに行ったものですからあっと言う間に価格が半分以下に落ち込んでしまいました。当然、当社の経営は苦しくなり、多額の負債を抱える事態に陥りました。その間、前の会社で欧州の責任者だった私に「立て直しに行ってほしい」と創業者から幾度も要請がありまして、遂には根負けした形で「私のやりたいようにやらせてもらいますよ」と前

職を辞して当社に入ったのです。

――そうすると、御社再建についてある程度目算があって入社されたということだと思います。まず、入社されて最初にどのようなことに着手されたのでしょうか

　当時はコストでは太刀打ちできないということで、当社は海外に生産委託をしようとしていました。中国はまだ生産基地としては成熟していなかったので、まず、シンガポールの企業と契約し、向こうに５人くらい派遣する予定になっていました。それを着任後の１週間でキャンセルをしたのです。私はそれまで米国で10年、欧州で３年にわたる工場経営の経験を通じて、いかに海外でものを作って利益を出すことが難しいかを身に染みて分かっていました。しかも海外でものを作るということは多くの人をマネージしなければいけませんので、それがとても大変なことだと知っていました。ですから、「わが社にマネージするだけのリソースがあるのか、人もいないのに簡単に海外へ行っても儲からないぞ」と言ったのです。

　さらに、当時私自身モニターというものをよく分かっていないながらも、「今後もこれは進化していく商品ではないのか。それをコストが厳しいからと海外へ逃げても当然コストが高くなって採算が合わなくなるのではないか」と考えました。当時は高級輸入車で例えますと「ロールス・ロイス」並みのコストで「ロールス・ロイス」並みの価格で売っていたのです。だからそれを設計や開発でコストダウンを図り、コストも価格も「ロールス・ロイス」から脱して「BMW」でいこうというブランド戦略を指示しました。

　従来は基板を５枚くらい使って念には念をと部品をたくさんつけていたのですが、基板を１枚プラスサブ基板くらいにしたところ開発だけで５割強ほどのコストダウンが実現したのです。

　そこで価格を４割くらい下げて市場に投入しましたら、欧州では「あのEIZOがこんな値段で出たのか」といった評判が広がり一挙にメジャーになりました。すると、大手の投資銀行のディーリング・ルームなどからドッと注文が入ってきたのです。

――その一歩から始まって、再建どころか東証一部上場企業までに発展させられ

ました。**新しい土俵の中でここまで会社の業績を伸ばしてこられた最大の原動力になったものは何でしょうか**

　一つは、失礼な言い方になりますが、大手電機メーカーは単に市場を取りにいくという行為に走りましたので、それを反面教師にしたということです。テレビが一番わかりやすい例になりますが、「他社とどこが違うのか」と言ってもその違いがわかりませんので、それを徹底的に意識しました。ですから、他社との違いが明らかになって初めて価値が生まれてくることになります。そういう意味では、「EIZOの価値とブランドとは何か」を考えました。ブランドとはユーザーの皆さんとの約束ごとになりますので、「EIZOブランドのついた商品を買えば品質はパーフェクト、そして信頼性があって長く使える、しかも目が疲れない」ということになります。そうなれば、明らかに他社とは違ってきます。当時は液晶ではなくブラウン管でしたが、同じブラウン管を使って比較してみますと、映した時に他のメーカーとの違いがハッキリと出てくるのです。

──それはビジネスの基本ですね。つまり、それが差別化ということでしょうか。そして、時を経て画面はブラウン管から液晶へと進化していきましたが、それでも御社の差別化、そして優位性は揺るぎませんでした

　そのとおり、差別化こそ重要なのです。当社はブラウン管の時代に相応の利益が出ていましたので、その時点で上場することも可能でしたが、次に液晶の時代が来ると分かっていましたから保留にしました。当時の社名は「ナナオ」でしたので、業界関係者の中には「液晶になればナナオはブラウン管の差別化による優位性がなくなるからダメになる」と言う人が結構いたのです。もちろん、われわれも自信がありませんでした。

　当時のモニターの主要な市場は、やはりファイナンシャル・マーケット、ディーリング・ルームでした。特に欧米の大手が買い替える際には１万台単位で注文がありました。ディーラー１人当たり８台くらい使って仕事をしていますから大量に購入するわけです。私もディーリング・ルームに直接入ってディーラーの人たちと話をしたのですが、「今度液晶になるけれど、どうなりますか」と聞きましたら、「せっかく液晶になって薄くなりますし、それでスペースが取れますので、できるだけベゼル（枠）は細い方がいい」と教えてくれました。ロンド

ンのシティのど真ん中で仕事をしているわけですからコストが高いのです。1人で8台も使いますから、ベゼルが細ければ細いほどスペースの整理ができますし見やすくもなります。なるほどと思い帰社してから液晶のパネルメーカーと「どうしたら、ベゼルが狭くなるのだろう」と話し合いました。そして、われわれがやれること、パネルメーカーにしかできないことを進めました。今から考えればベゼルはまだ太かったと思いますが、当時としてはどこよりも薄いものを出すことができました。そうしますと、ファイナンシャル・マーケットから「やっぱり、液晶になってもEIZOだな」と高く評価を受けたのです。他社は15インチクラスから入りましたが、わが社は当時としては一番大きな18インチでした。それが、ファイナンシャル・マーケットに一気に入り出したのです。

──それはすごいですね。やはり御社には他のメーカーがしないことを先んじてやるような企業文化があったのだと思います

私のできることは限られますので、やはり企業文化なのでしょう。わが社には「どこよりも良いものを作りたい」という企業文化がありましたので、それがうまく醸成されたのだと思います。もっとわかりやすく言いますと、液晶については他のメーカーでは世の中にある部品やデバイスを使って、できるだけ良い絵づくりをしようとするのです。ところが、わが社はまず「この分野はこういう絵づくりでないとダメだ」と考え、世の中にある部材を使ってもできないならば、自社でASIC（特定用途向け半導体集積回路）、つまり半導体を設計します。自社が設計した半導体を台湾の専門メーカーに作ってもらい、それを使ってわが社が目指す絵づくりをするのです。これが他のメーカーとは圧倒的に違うところです。

──なるほどそうですか。やはり、顧客にとってあるべきものは何かを明確にして、その実現に向けて全力を注ぐ。世の中になければ自社で作る、ということですね。他社の動きを見るのではなく、ユーザーのニーズに応えることを突き詰めていくということが、差別化になり競争力の源泉になるという、いい例だと思います

そうです。かつてブラウン管の時はかなりの部分を現場の女性たちがすみずみまできちっと調整しながら作り込んでいました。これで品質の差別化ができてい

たわけですが、液晶になりますと開発がポイントになります。ですから一つは、コンセプトや考え方が他のメーカーより進んでいたということです。

　もう一つは、ブラウン管の時から最先端のものを求めてきましたので、液晶が進化していく中で、わが社のポジショニングとしては「新しい液晶パネルができたら最初にEIZOへ持っていこう」という行動を液晶メーカーがとるようにしたことです。わが社としてはさほど数は出せませんので、世界の大手２社と比べても購売力はそれぞれの10分の１程度に過ぎません。それでも液晶メーカーは最初にEIZOを訪れます。そこでわが社が「ここはこう直してもらわないといけない。ここについてはわれわれがやる」と話し合って、「これが一番よかろう」となったら採用するのです。そうしますと、どこよりも早く最先端のデバイスを使った商品をマーケットに出せるわけです。そして液晶メーカーは、その半年後に「これはEIZOさんが使われています」と言えば、どこに対しても売れるようになるのです。ですから、われわれの宿命としてはまだ先を行かなければならないのですが、そのポジショニングをキープすることが重要なところでもあるのです。

──一度そのような好循環に入っていきますと、取引先からいろんな相談が持ち込まれて、さらに進化を遂げていくことになるわけですね。GNT（グローバルニッチトップ）の特徴は、相談される企業だということです。相談を解決することで、さらにまた相談が持ち込まれる。そして、その相談を解決していく中でオンリーワンの技術が育っていく

　そうです。これもある意味では敵失ということになると思います。他のメーカーは価格対応をするために中国へと逃げて行き、そこを生産基地にして市場に供給しています。ですから、彼ら自身はOEM生産をしているわけですから開発をしていないのです。そうしますとパネルメーカーも新しいパネルができた時にそれを評価してもらうためにどこへ持っていけばいいのかとなりますとEIZOしかないのです。

──そういう意味では、研究・開発と生産がこちらに残っていたというのは御社の強みになったということですね

　私は開発と生産は一体でないと価値は生まれないと強く思っていましたので、

まさにそういうことです。社長も含めて全部が中国へ行くのであればそれでもよろしいのでしょうけれど、社長以下全員がこちらにいるのに生産部隊だけが中国にいて、そこで安く作って儲けようと思っても儲かるはずがないと思います。大半の間接コストはこちらにあるわけですから当然のことだと思います。今でも間接コストが高いのは、昔は必要だったけれども今は必要でなくなった業務をそのまま無意識にやっているケースがあるからです。ですから、各係長・課長・部長が常にその辺をレビューして、不要なものを削ぎ落として新しいことをやっていかないと間接コストは減りません。

例えば、ベースを削ぎ落として他の細かいところを少しずつ積み上げていく方法が実は意外に効果があるのです。ですから、われわれの戦略は、ベースがハイエンドな商品になっていますが、基本は特定市場で圧倒的にナンバーワンになることなのです。それが、医療用であり、印刷市場であり、映像制作市場であり、航空管制市場であったりするわけです。ですから、そこだけ限定してやっていたとしたらボリュームがありませんのでまったく利益が出てきません。ところが、同じような商品を少しだけ変えて積み上げていけば、しぶといビジネスモデルになります。

──平成27（2015）年度から新たな中期計画が始まりますが、新しい計画についてどのように考えておられますか

5回目の中期計画になりますが、今まで「どうしてこのようなものを作らなければならないのか」と思いながら消極的に出していました。そもそも3年先のことなんてはっきり言って分かりません。でも、出さなければダメなわけですから、今回は中期の位置付けをうまく使おうと思っています。

かつてパチンコがブームだった際にわが社のパチンコ市場向けの売上比率が53％を占めたことがありました。今は市場が右肩下がりになっていますので22〜23％です。ですから、年明け早々に約100人の管理職を集めて年頭方針を述べましたが、今年のメッセージとして「株式市場からパチンコ関連メーカーとは言わせない」「パチンコ向けの比率を15％にする」と公言しました。

さらに、従来のような映像のテクノロジーだけではこれからは生きていけません。例えば、通信の分野であったり、配信の分野であったり、われわれの商品だ

けでなく他社の商品も一部使うような機能が求められています。ですから、「社内や他のメーカーからモニターメーカーとは言わせない」というのをキーワードにしました。つまり、ハードを1台販売して「売れた、儲かった」と喜ぶ時代ではなくなったということです。世の中は今「IoT（Internet of Things）」とか「ソリューションを売る」などと言っておりますので、わが社も同じように「EIZOを売る」「われわれのビジネスモデルを売る」という形で取り組みたいと考えています。

——社内の人を動かしたり、そして能力を引き出したりするためには、やはり社長の意思が伝わらなければならないと思いますが、どのように対応しておられますか

　新聞を中心としたメディアにきちっと情報開示していることですかね。私は管理職には頻繁にメッセージを出せるのですが、一般社員までには必ずしも十分とは言えません。さらに管理職がすべて私の言葉を伝えられるわけでもありません。ツールとして社内報やイントラネットでたまに出したとしても一人一人にはなかなか伝わりません。ですから一番いい手段が新聞なのです。新聞に載りますと、一般の現場の人たち、あるいはその家族も含めてきちんと受け取ることができます。そういう意味では紙面をうまく使わせてもらっています。ただやはり、手前味噌になりますけれど、わが社の社員のほとんどが、「EIZOの商品が世界で一番いい」「わが社の企業文化っていい」「この会社が大好き」と思っているのではないでしょうか。ですから、そういう企業であり、ブランドであり続けたいと思っています。自分の会社や商品が好きでなかったら売れるわけがありません。営業も一緒です。「値段が高いから」とブーブー言いながらも頑張って売るのは「やっぱり、うちの商品はいいな」と思っているからなのです。

——北陸にはユニークな技術を持っていてニッチトップといった素晴らしい企業がたくさんあります。しかし、大宗は下請け体質から抜け出せないところが多いのが現実ですが、そういう中小企業が下請け体質から脱却するためには何が必要でしょうか

　企業が成長するには、要はどこが主導権を取るかだろうと思います。ですから、

「下請け」と呼ばれる限りは委託先に主導権を取られていることになります。これではいつまでたっても「下請け」のままです。しかし、台湾のOEMメーカーでは彼らが主導権を握っています。そこがポイントだと思います。主導権を取るには何をしたらいいのかと言いますと、それは「自分のところに頼らざるを得ないようにする」ということでしょう。「もうこれ以上コストダウンできません」と言い切れて、なおかつオーダーが来るくらいにしないとダメなのです。例えば、赤字になるのがわかっている仕事を断るにしても経営者がどれだけ強い気持ちを持つかになります。私自身は赤字になる年があってもいいと思っていますし、赤字がその先のための赤字だとしたら、いくら株式市場から叩かれてもどうということはありません。腹をくくるしかないと思います。

——石川に開発と生産の拠点を置いていらっしゃいます。これは大変心強いのですが、今後の世界戦略を考えていく時に、やはり消費地といいますか、マーケットに近い所に生産拠点を持っていくことになりますか

　中国についてはやむを得ず現地に工場を設けました。また、開発や生産の拠点をドイツの南部に２カ所、東部に１カ所据えました。やはり欧州は厳しいけれども、そこで価値を買うマーケットといえばドイツ語圏ですし、通貨が弱くて得しているのもドイツ語圏ですから、今はユーロ安をうまく享受しています。また、ギリシャがよくないのはわが社とは無関係なのですが、それによって全体的にユーロが安くなるのは影響があります。しかし、これからもそういう世界で生きていかなければならないわけです。上場企業なのにいつも見識がないと叱られますが、そもそも右肩上がりの成長なんてあり得ません。マーケットに左右される時もありますし、商品自体もそういう変化の激しいマーケットの中にいますので、良い時もあれば悪い時もあります。ただ、ジグザグしながらも徐々に切り上げていくということです。

——北陸新幹線が開業して、コマツさんやYKKさんのように本社機能の一部を北陸に移転する動きがありますが、御社はこの北陸において業容を拡大してこられました。地元で研究・開発や生産をすることのメリットは大きいと思うのですが、いかがでしょうか

この地がわれわれのオリジンですので、他所に移りようがないわけです。

　しかし、いつも疑問に思うのですが、どうして電機メーカーの社長や役員が東京の大手町や丸の内にいるのでしょうか。われわれは世界で仕事をしておりますので地域はあまり関係ありません。確かに成田経由で欧州へ行くのは面倒ですけれど、それ以外なら今はネットもありますし、グローバルでやる分においては東京でやろうと北陸でやろうとまったく関係がありません。コストはもちろん安いし、本社と開発と製造が一体でいられるわけですし、すごく効率がいいです。そういう意味では、石川県である必要はないけれど、石川県であるというのは非常にメリットが出ていると思います。

　むしろデメリットを挙げるとすれば、いろいろな価値観の人が議論することで進化するわけですから、それが北陸におりますと難しいということです。これは海外にいてよく感じたことなのですが、特に石川県はとても安定志向が強いと感じています。

　かつては知る人のみぞ知る「ナナオ」や「EIZO」でしたが、この地で頑張って石川県はじめ日本国内の皆さんから「石川県にはEIZOがあるよね」と言ってもらえるようになりたいと考えています。

――本日はお忙しい中どうもありがとうございました。

Top Interview 09　　　　　　　　　取材日：平成27（2015）年5月

どこにもないものを、どこにもない方法で、創り出す
～異なる領域を結び付ける横軸の展開～

前田工繊株式会社　代表取締役社長兼CEO
前田　征利氏

会社情報
【本　　社】福井県坂井市春江町沖布目38-3
【設　　立】昭和47（1972）年11月
【業務内容】環境資材の製造販売、土木工事の設計・施工・監理、産業
　　　　　　資材の製造販売、自動車用ホイールの製造販売

―― アベノミクスの成長戦略としてイノベーションが盛んに言われております。そういう意味では御社は先駆的であり、かつ成功例だと思いますが、昭和47（1972）年に設立される前は機屋さんだったと聞いています。そこから土木用繊維資材へと進まれた経緯をお聞かせください

　設立前の家業は機屋でしたが、さらにその前は米屋でした。機屋になったきっかけは大正7（1918）年に富山県から始まった「米騒動」にあります。その騒動で蔵に保管してあった米をその日のうちに全部持っていかれました。「これはたまったものではない」と祖父は米屋廃業を決断したそうです。ちょうどその頃にレーヨンが市場に出始めまして、今の帝人や東レ、クラレといった大手原糸メーカーが次々と台頭してきました。そして、福井県は湿度が高いから合成繊維の織物に適しているだろうということで、たくさんの機屋が立ち上がりました。

　戦前の機屋は糸を買ってきて、それを織物にして売っていました。これは本来の製造業のあり方です。しかし、戦後にはナイロンやテトロンなどの合成繊維が大量に出てきて、これを原糸メーカーらが織物にしなくてはいけないと考え福井に目をつけました。そして機屋には業務保証と債務保証をするから思い切って設備投資をするようにと勧めてきました。そうなれば機屋としては楽でかないません。福井の機屋はかなりの設備投資をしたと思います。

　昭和43（1968）年に大学を卒業した私は、一人息子なので家業の機屋を継がね

ばならず、帝人で半年間だけ実習をさせてもらって福井に戻ってきました。しかし、家業を継いでも私の仕事は何もありませんでした。要するに、「これをこれだけ、いつまでに織ってください」という原糸メーカーからの指図があって、仕事は最初から最後まですべて決まっていました。ですから賃加工に依存した機屋の仕事は正直なところ好きではありませんでした。

そこで「自分でモノを作り、自分で単価を決めて売り歩きたい」と思い、昭和45（1970）年ぐらいから必死に仕事を探しました。当時、友人の仕事に付いて行った熊谷組の東京本社で、ある資材のサンプルが目に留まりました。「これは何に使うのですか」と先方に聞きましたら、「トンネルや道路など多くの場所で必要になってくる排水材です。土木では水はけをどうするかが重要になりますから、こういう分野はまだまだ伸びますよ」と教えてくれました。「よし、これをやろう」とマーケティングはこれだけで簡単に終わりました。どのようにやろうかと考え出したのが26歳だった昭和46（1971）年で、その翌年には会社を設立して今の事業を始めました。

──その土木資材の生産工程では織物の技術を引き継いでおられるのですか。それともまったくのゼロからのスタートですか

まったく引き継いでいません。だから私は今でも「それがイノベーションですよ」と言っています。つまり、既存事業の延長線上で新しいことをやったとしても、それは単なる「改善・改良」なのです。本来のイノベーションというのは、まったく異質なものを横軸でやることだと考えています。ですから、機屋だったわが社が土木関連をやっているように、まったく違った世界をやることがイノベーションなのです。

IR（投資家向け広報）の際にM&Aに関して必ず出てくるのが「前田さん、これは全然違った分野ですがシナジー効果はありますか」という質問です。シナジーとは報道機関などがよく使う言葉ですが、私は「あなた方が勝手に壁を作っているだけで、私にはその壁が見えません。私は今までシナジーなど考えたことがありません。別の分野を横軸でやっていくことがイノベーションではありませんか」と言い切っています。要するに異質な技術や人間などが混ざって化学反応を起こすことがイノベーションだと考えています。

64

そして、お客さんの顔が見えないビジネスはダメだと思っています。機屋を続けていたら儲かりはしないけれども損はしない。母は「止めるのか」と聞きましたが、父は「お前の好きなとおりにやれ」と言いました。自分で納得するというのは大事なことではないでしょうか。

——環境の変化に合わせて事業領域の新陳代謝を常に起こしていかないと企業というのはなかなか存続していきません。BBSジャパンの買収は正に事業領域の新陳代謝ではないかと思います

　そうです。実は、私は大学では金属の分野を専攻し、卒論では鍛造技術についてまとめているのです。しかし、卒業するとまったく異質である繊維関係に入ってしまいました。実家の跡継ぎですから仕方がなかったのですが、若いころに学んだのが金属のそれも鍛造でしたから、昔の恋人に会ったような気がしました。

　しかしながら、過去10数年間は設備投資をしていなかったこともあり、この3年くらいでかなりの金額を充てています。やはりBBSの特長は「軽くて強い」というところです。これからの自動車は軽量化を進めなければならないわけです。四輪車で1本5kg軽くなりますと4本で20kgにもなりますので、かなり燃費は向上します。そして、ものすごいデザイン性が実現できます。われわれの異質な技術が混ざることによって、来年のモーターショーには毛色の変わったものを出そうと考えています。それこそイノベーションなのです。

——御社は今まで数多くのイノベーションにチャレンジしてこられましたが、それを継続的に成功させていく秘訣のようなものはありますか。人材の育成についても多くのご苦労があるように思いますが

　そうですね。秘訣ではありませんが、ただ成功するまでやり続けるだけです。挑戦というのはとても面白いものです。それと、繰り返しになりますが、お客さまの顔が見えるということです。ですから土木でも同じです。お客さまの顔を見ながら取り組んでいますと、「なんや、これは」と直に怒られますし、それがまた今後のためになるのだと思っています。

　ただし、人を教育するということは、そう簡単ではありません。今まで私は10数件のM&Aをやってきました。それが一つのイノベーションを起こしているわ

Top Interview 09　前田工繊株式会社　前田 征利氏　65

けです。要するに、われわれの社員を一生懸命に教育するのも大事ですが、そこに向こうの社員が混ざることによって化学反応を起こすわけです。わが社だけで教育したとしても、なかなかうまくいきません。

　今は、戦後70年が経過して時代の大きな変化の中にいますので、いろいろな会社から「跡継ぎがいないので」とか、大企業の事業再建により「この事業を売ってもいい」といった話を持ちかけられることが多くなりました。とにかく、わが社は一切断らないことにしています。「そちらで選ばないでください。こちらで選びますから」「北から南まで事務所を設置しています。どの地方にも多少の人員を配置しています」などと前向きに発信していますので、多様な案件がわが社に持ち込まれてきます。ですから、今は6件ほどの案件が手許にあります。

――なるほど、そうですか。では、持ち込まれる案件を見て、「これは、いける」とか「これは、いけない」といった基準はどういうところにあるのでしょうか

　これは、やはり先方の社長そのものです。そこの社長がDNAとして会社に残っているわけですから、社長がどういう感覚で、どのように今まで会社を運営してきたかということを一番大事にしています。これが1番目です。2番目は技術があるかどうか、3番目は人材がいるかどうかになります。最後は利益が出るのかどうかなのですが、利益は出ていなくてもよろしいのです。われわれが入ることによって利益が出るかもしれないからです。中には汚れた工場もありますが、それはきれいにすればよくなります。つまり、伸びしろがあるということです。きれいな工場で儲かっていない場合は、もう伸びしろがありません。

――これからの世の中の変化を考えますと、人口減少、高齢化、環境など多様なキーワードが出てきますが、それらの中で特にこれはやりたいという分野はありますか

　これからは人口が減っていくわけですからどの分野も間違いなく収縮していくと思います。ではどうするのかと考えますと、答えはいくつかあると思います。私はやはり、自分で新しいマーケットを創ることが大事だと考えます。しかし、これは言うのは簡単ですが、やるとなれば結構難しいものです。ですから、私はマネをすればよいと思っています。マネをして、あとは少しだけ自らの味を出す

というようなビジネスで十分だと考えます。そこからスタートしていく間に、だんだんと変わっていくはずです。そういうことを考えながら、少しずつ何でも挑戦するということでしょう。「今あるものに何が載せられるか」とか「お客さんに何が提供できるのか」といったことを必死になって考えれば、新しいマーケットができてくるのではないかと思います。今は、公共事業、産業資材関係、BBSなど幅広く仕事をしていますが、公共事業はこれからどんどん伸びていくとは思っていませんし、中身もどんどん変わっていくと思いますので、そうした中でわれわれがどのような技術、製品、仕組みが提供できるかということになります。考えようによってはまだまだあるように思います。

そのためには、いろいろな人と出会って、話を聞いて、いろいろなキーワードを持つことが大切です。単に会って終わるだけの人もいますが、自分と同じキーワードや問題意識を持っている人に会うとカチッと留まる場合があります。ですから、自分の会社の方向性などを毎日整理整頓しながらキーワードを持っていることが大事だと思います。そうすればこの世の中はものすごく面白くなるのではないでしょうか。

——国内全体が「地方創生」に向けて動いている中で、特に「産・官・学・金・労」が一緒に独自色を出していこうという考えについては評価できます。やはり地域の経済循環を地元の企業が大きくしていくところが眼目だろうと思いますが、そういう意味では御社の常にイノベーションに挑戦していく姿勢は地域の活性化にとって大変重要であると思います

今までのような補助金政策ではなく、リスクのあることに挑戦していく起業家精神の旺盛な人を、税金面などの違った方法で助けていくやり方があると思います。もう一つは、われわれが長年続けている「産・学・官」が結びついて一緒に取り組む方法です。

地方で新しいものを興すという一番単純な例は、自分で売って歩くことだと思います。要するにお客さんを「見える化」して、それに対してどうバックアップするかということではないでしょうか。それこそ商売の原点なのです。農業も同じです。自分で作ったものを自分で売るということで、はじめていろいろなことがわかってくると思いますし、そのようにして自分のルートを創っていくことが

重要ではないかと考えます。

——かつて中小企業は大企業と取引をし、言われたとおりにものを作っていればよかった時代がありました。しかし、時代が変わり、やはりオンリーワンだったり自分の強みを持っていたりしないとこれからは生きていけないのだろうと思います。そこで、中小企業が下請け体質から脱却するためにはどうしたらよいかアドバイスをお願いします

　日本の中小企業と付き合いたいという米国の大企業が多いと聞いています。ただし、非常にいいものを持っているのに日本の中小企業はそれに気が付いていません。その際に一番大事なツールは言葉で、まずは英会話です。絶対にこれは必要だと思います。自らの思いや持っている技術を自分の言葉で伝える必要があるからです。英語で自由に話ができれば、外国人との距離がぐっと縮まります。ですから国内だけで売ろうと思っていてはいけません。最低でも英会話を勉強して、もっと世界へ羽ばたくべきなのです。英会話ができる人はたくさんいますから、そういう人材を採用して自分らで売るという姿勢がこれからの中小企業には大切です。本当に自社の製品に自信があるのであれば、米国でも欧州でもそういうところに出せばいいのです。さらに、製品や技術に誇りを持っているのであれば、安売りをしてはいけません。おそらく、大企業は量で攻めてきますから、つい量の方に気持ちが動いてしまいます。これからのものづくりはまだまだ進化していくと思いますので、自分たちが作ったものにもっと自信を持って取り組んでいくべきだと思います。

——本日はお忙しい中どうもありがとうございました。

Top Interview 10　　　　　　　　　　取材日：平成27(2015)年8月

世の中にないものをどう作るか、に挑戦し、ものづくりにおけるイノベーションを起こす
～MEMS技術を用いたセンサに全力で取り組む～

北陸電気工業株式会社　代表取締役社長
津田　信治氏

会社情報
【本　　社】　富山県富山市下大久保3158番地
【設　　立】　昭和18（1943）年4月
【業務内容】　固定、可変、チップ等各種抵抗器、圧力、加速度、湿度等
　　　　　　　各種センサ、モジュール製品、ペーストスルーホール基板
　　　　　　　等各種電子部品の開発・製造・販売、その他の事業

――いつも会社の歴史を振り返りながらお聞きしております。御社の場合は戦時中の創業であり独特の成り立ちがあると聞きます

　創業は昭和18（1943）年になります。先輩から聞いたところでは、当時は富山に歩兵連隊がありまして、そこで使われていた通信機が壊れる原因の一つに抵抗器の故障があったようです。その抵抗器の生産が当社の始まりとなります。

　当時は少人数で抵抗器の生産をしていました。創業メンバーたちは終戦を迎えた時に廃業するつもりでいましたが、「せっかくここまできたのだから平和産業でもう一度抵抗器を作ってはどうか」という意見にまとまり存続を決めたそうです。設立時の社名は「北陸電気科学工業（株）」でした。

――日本海側の富山において、いきなり抵抗器を作られたことに感心するのですが、どのような方法で事業を軌道に乗せられたのか、そのストーリーをお聞かせください

　まず、国の機関の専門家を招いて見よう見まねで作り始めました。それからしばらくすると、ハンドルをグルグル回す電話機が普及し始め、その中に抵抗器がドンと入りました。よって、スタートは通信分野になります。その後は民生品に進み、白黒テレビが各家庭に入り始めたことで一気に需要が拡大しました。この

時は、セットメーカーの技術者との接点がカギとなり、彼らにけん引してもらった部分がかなりあったと思います。例えば、先端を走る米国のパーツを取り寄せてもらい、それを解析しながら見よう見まねで技術を身に付けました。さらに、「こんなふうにしたらどうか」というアドバイスをもらったことで基礎的な技術が培われました。ここで重要なのは、「セットメーカーが使ってくれる」という後ろ盾があったことです。「実績がないとダメだ」と言われたら終わりですが、「実績はないがなんとかやるだろうとの期待から貴社の部品を使おう」という先方の決断がポイントになりました。

――なるほど、販売先からの支援を得て成長のきっかけをつかんだ、ということですね。企業が成長するためには、仕入先か顧客（販売先）の両方またはいずれかの支援がないと不可能です。海外に出られた時期も比較的早かったと思いますが、そのきっかけについて教えてください

国内で白黒テレビが全盛になり、次は韓国でも作ろうという状況になりました。まず、セットメーカーが現地企業とジョイントでやることが決まり、「抵抗器の供給をどうするのですか」と聞きましたら、「韓国へ行ってほしい」と誘われ昭和44（1969）年に韓国へ出ました。これが最初の海外シフトになります。要するに、「これから世界に向けて事業を伸ばそう」という目的で出たのであり、今でいう円高対策など窮余の一策で出たのとはまったく違います。

今のグローバル化というのは非常に悩ましい問題です。言葉としては何となく響きはいいのですが、これは海外のあちらこちらに出て行くことを指すのではなく、「いかに日系以外のところから注文をもらうか」ということが本当のグローバル化なのだろうと考えています。そのためには、文化の違いを乗り越え、多様性に対応できる人材が必要です。

――海外へは最初から戦略的かつ前向きに出て行ったということですね。では、富山の電子部品メーカーとして、世の中の流れに付いて行けるだけの技術力が備わった要因とはどのようなところにありますか

抵抗器に使うキャップは薄い鉄をトントンと絞って丸い円筒形のものを作ります。これはかなり難しい技術です。内寸に精度が出ないと簡単に抜けてしま

いますし、それにワイヤーを溶接しますので電気の変動で取れてしまうことなど多くの問題があります。そうなった時に必要なのがプレス技術です。これは地場でやれる企業を探すとなかなか見当たらないものですが、それがあったということです。例えば、不二越さんはこうしたプレスの技術やマシンに強いと思います。焼入れなど金属の寿命を長持ちさせる技術も古くから不二越さんが持っていて、そこからスピンアウトで起業した人たちが優れた技術をボトムアップしていきました。YKKさんも同じようにプレスのマシンを作られました。そのような技術を全部融合して、今の要素技術が形成されたのだと思います。ですから、「富山で部品が作れるよ」との評判が全国を駆け巡り、いろんな方面からお客さんが来られるベースになっているのでしょう。わが社もそのおかげで抵抗器を世に出してきたわけです。

——**国内の空洞化というのは進まざるを得ないわけですが、最後の本丸ということで富山の生産拠点は是非残してもらいたいと思います。では、富山でものづくりをするメリットとはどのようなことになりますか**

　わが社は約6割が海外生産です。富山を含めた国内生産は約4割になりますが、例えば半導体分野以外で国内でも付加価値の取れる製品群は残っています。これを発展させるのは開発部隊です。いわゆる生産技術や製品開発といった頭脳的な分野は国内でやらざるを得ません。一方、海外はコスト面と物流面で優位性があります。アッセンブリされるところに納めた方がいいわけですから、それは消費地で生産するということになります。やはり「このエリアくらいは、ここから供

給しましょう」という意味での海外シフトに集約されます。

　わが社は創業から73年になります。富山で育ててもらった会社ということもありますが、ここで事業を続けているというのは、一言でいうと雇用です。それで「安定的な人材の受け皿となり地域の活性化につなげる」ということです。そのために社内で「一生懸命にやりましょう」と言っているわけです。

――要するに、国内では付加価値の高いものを作るということですね。特に電子部品業界ではコモディティ化の波が激しくなってきていますが、そうした中で付加価値を高めていくためにどのような戦略をお考えですか

　それほど数が出る時代ではありませんし、要求についても多様化していますので、付加価値の高い製品を作ればいいのですが、それがなかなか難しいのです。

　例えば、コモディティ化している自社の製品群に「チップ抵抗」があります。これはセラミック製で、10数工程あります。値段を言ったらビックリされると思いますが、仮に1個が5銭だとします。では5銭の製品に対してどうやって付加価値を上げていくのかピンとこないでしょう。付加価値が100％というのはあり得ませんので、付加価値を上げる方策としてはダウンサイジングしかありません。より小さくすることによって材料費率を下げていくことになります。ただしそこには精度や生産用の機械をどうするかなど、いろいろと考えていかなければならない問題があります。しかし、そこに新たな技術が生まれるわけですから、戦略的な方向としてダウンサイジングによる付加価値化を追求します。

――センサやモジュールにシフトしているとお聞きしています。そういう中で、ダウンサイジングとはMEMS（微小電気機械システム）で強みを発揮する、ということでしょうか

　MEMSについてもダウンサイジングが共通項になりますし、付加価値を上げるにはダウンサイジングがキーになります。それに加えて、「世の中で他社がやっていない製品をどうやって先に出すか」がポイントになります。

　MEMSは一つの加工方法です。今はその微細加工から生み出すセンサをやろうと経営資源を集中しています。その発端はガスメータ向けの圧力センサです。単にガスの流量を検知するだけではなく、ガス漏れを含めて微量なガス圧の変

化を見る役割があります。この応用として、気圧センサや水位センサなどの製品展開をしていますが、そのようなセンシングデバイスを作る要素技術がMEMSです。これからは、こういったものをさらに幅広くやっていこうと考えています。なぜかと言いますと、小型化がしやすくなれば、今までメカでやっていた動きをエレクトロニクス、つまり見える化することで多様な展開が図れるからです。

　ガスについては20年以上前から関わっています。20年前の阪神淡路大震災が一つの契機になりました。震災では同時にガス火災が発生したために、ガス漏れを検知して遮断する機能性が要求されるようになりました。その効果が東日本大震災において発揮され、ガス漏れの火災が少なかったことが評価されました。

　今はIoT（もののインターネット）が台頭している時代ですから、どうしても先進的なデバイスというものが必要になります。そこにうまく製品が出せたなら、もう少し利益率が上げられると考えています。

──自動車内部にはセンサが満載されています。車載分野への売り上げは３分の１とうかがっていますが、これは今後の成長分野だと思います。御社の戦略をお聞かせください

　自動車には安全・安心を確保するために、たくさんのセンサが取り付けられていますし、将来的には自動運転が展望されています。わが社の製品構成では車載用が全体の３割ほど占めていて、もっと増やしていきたいと考えています。今までは家電向けが主役でしたので、これからは販売が安定している自動車向けにポートフォリオを変えていく予定です。いわゆる安全に関わる分野が増えていますので、信頼性を要素としてしっかりとやっていきたいと思います。

　センサはモジュールよりも付加価値が高く利益率が高いので、わが社としてはバリエーションをもっと増やしていく必要があります。現在はいろいろと仕込み中なのですが、一つ出すのに３年ほどかかります。さらに、わが社の開発力だけでは限界がありますので、「こういうものなら使いますよ」とアドバイスしてもらえるセットメーカーや大学などとタイアップして開発を進めているところです。

──雇用の確保という面からも、地元に大きな影響力を持つ企業がだんだんと大きくなっていくのが理想です。70年以上に渡っていろんな波を乗り越えてこら

Top Interview 10　北陸電気工業株式会社　津田　信治氏　73

れたお立場から、地元の中小企業の皆さんに今後のものづくりを進めていく上で
のアドバイスをお願いします

　わが社では、小さいながらも製品の筐体（きょうたい）などは地場で調達しています。ですか
ら、われわれの事業をうまく伸ばしていけば、地場の部品メーカーに回る仕事も
増えていくはずです。

　富山県には完成品までやれる中小企業が少ないと思います。われわれの規模で
も同じことですが、大事なのはお客さんの目線です。お客さんをどう満足させる
かが重要だと思いますし、そこに尽きるのではないでしょうか。お客さんを満足
させないと絶対に長続きはしません。そこにチャンスがあるのだろうと思います。
そしてお客さんにかわいがってもらうことです。また、「一芸に秀でる」という
ことが非常に大事ですから、自社の強みをさらに磨くことです。

**——ありがとうございます。オンリーワンの技術を磨け、ということですね。富
山県の電子部品産業は、まさに御社がけん引されてきたのだと思います。これか
らさらにこの地でこの産業が発展していくためには何が必要でしょうか**

　大学や各研究機関にはいろんな設備を入れてもらっておりますが、やはりまだ
エレクトロニクスの分野に関しては弱いような気がします。さらに高度な設備を
入れてもらえるならば、要素技術の質がさらに高まります。また、解析技術やシ
ミュレーション技術が向上すれば、開発期間の短縮が図れますのでとても助かり
ます。

**——先ほど少しお話があった「IoT」はドイツでは「インダストリー4.0」と呼ば
れています。日本のものづくりの現場でもこうした動きが広がっていくと思いま
すが、どう対応されますか**

　呼び方は国によって変わりますが、今はビッグデータの時代です。やはりそれ
らをうまく利活用して、社会全体に反映させる動きが国内にも出てくると思いま
す。そこに新しいニーズがあり、商売の種があるわけです。ですから、そういう
動きを加速させていく必要があります。と言いますのも、製造業が成熟しすぎて
「次は何を作ればいいのだろうか」という不透明感が漂っているからです。今は
スマホ以外に引っ張っていく大型商品が出てきていません。そこが一つの狙い目

になってくると思います。

　今はスマホを使えばいつでもどこでも何でも見られるユビキタスの時代になりました。さらに、ビッグデータやクラウドを利用することが当たり前のことになってきています。ですから、社会全体がネットでどれだけつながるかといったCPS（Cyber-Physical Systems）の世界は間違いなく次の事業の種になると思います。

　「北陸さんは何を作っているのかわからない会社ですね」とよく言われるのですが、それはキラッと光る製品が少ないからだと感じています。だからこそ、「世の中にないものを、どう作りだすか」にチャレンジを続けているのです。社訓の最後にあります「良い製品をつくり社会の発展につくしましょう」に全社を挙げて取り組んでいきたいと考えています。

――**本日はお忙しい中どうもありがとうございました。**

Top Interview 11　　　　　　　　　取材日：平成27（2015）年11月

業界のトップリーダーとして常に技術を磨き、人類・社会の進歩発展に貢献する
～「誰もが心地よく感じるような空間」を提供する～

コマニー株式会社　代表取締役社長執行役員
塚本　幹雄氏

会社情報
【本　　社】石川県小松市工業団地1-93
【設　　立】昭和36（1961）年8月
【業務内容】間仕切り製造販売

——御社には、間仕切りと申しますかパーティションの市場を作り、そして開拓してこられたという輝かしい歴史があります。その発展の経緯について教えてください

　確かにそうですね。実は建築物に入っているパーティションというのは日本にしかありません。中国に進出してわかったのですが、工場で生産したものを現地に持ち込み、後は組み立てるだけという壁は多分日本以外にはないと思います。また、家具としての衝立（ついたて）は世界中どこにでもありますが、建築壁として使うのはすべて石膏ボードにシートを貼った動かせない固定壁ばかりです。一方、移動式の壁ならばホテルで使用されているものがあります。当初は日本から中国に輸出して結構使ってもらっていたのですが、もともと現地にはなかったものですから、今は一生懸命市場を作りながら前へ進めている状況です。

　実は、わが社は昭和55（1980）年の決算で売上高69億5000万円を計上して業界トップになっています。昨年度で国内売上高が280億円台ですが、おそらく今年度は300億円くらいだと思います。これで、お隣の小松ウオール工業さんと並んで業界トップということになります。ですから、売上高70億円でトップだった時代から、300億円でないとトップになれない時代になりましたので、その間に使っていただける場所を少しずつ開拓してきたということになります。

——そもそも先代がパーティションに目を付けられた理由は何だったのでしょうか

　スタートは富士精工さんからの要望でロッカーを作ったのですが、結果としてどこにも買ってもらえませんでした。要するに市場が東京といった太平洋側でしたから、運賃などのコストが高くついて取引が成立しなかったのです。わが社は昭和36（1961）年の創業ですから、3年後に「東京オリンピック」がありました。そのために当時、東京は今と同様に建築ラッシュになっていました。その様を東京へ出張した父である故会長が見て、「ここに使われて、かさばらない商品はないか」と考えているうちに「パーティションなら薄いから運送費が安くていけるのではないか」と思いついたのです。最初はそれほど立派な商品ではありませんでしたが、それが市場で高く評価されたのです。本当にわずかですが当時の商品が残っていまして、今も導入されたお客さまに使い続けてもらっています。

——御社は製品を時代の流れに適応させながら事業領域を広げていかれました。とても素晴らしいことだと思います。時代の変化に合わせて、新しい事業領域を見つけて成功させてきた秘訣は何ですか

　建築のジャンルにうまく入り込めた一番の要因とは建築工法が変わったことにあります。従来の鉄筋の湿式工法が高層化の進展で鉄骨造りという乾式工法に変わったのです。それによって、われわれの工場で作った製品をポンと持って行って組み立てるような壁が重宝されるようになりました。最初に使用されたのは昭和30年代後半に建てられた霞が関ビルだと聞いています。その時はわが社ではなく、現在ブラインドを主力とするメーカーが最初に建築壁を手掛けました。わが社は今でこそそれが主流になっていますが、当初はパネル屋として入っていきました。以前の社名は「コマツパーティション工業」でして、CIに取り組んで昭和59（1984）年には今の「コマニー」に変わりました。

　当時は会社の目的をどうするかを検討する中で、われわれはパネル屋だから、パネルを使っての空間づくりをやろうと考えました。機能空間や快適空間というのは、やはりオフィスで働く人たちにとって壁で仕切るのがいい場合もあるし、壁を取り払ってオープンがいい場合もあります。そういう意味から空間づくりには必ず壁は必要だろうと結論付けました。

　それから、工場のクリーン・ルームが急速に普及した時期がありまして、われ

われは工場向けを得意分野にしていましたので要求される機能をとことん追求し、そこで働く人たちの快適な環境づくりも一緒に開発していきました。

——工場市場に強みがあるということですが、御社の売上高の構成で最も多くを占めるのはどの市場になりますか。また、今取り組んでいる新しい市場があれば教えてください

　わが社の売上高はオフィス市場が最も多く、全体の４割近くを占めています。その次が工場市場です。リーマン・ショック後は工場市場が冷え込んでしまい、売り上げはかなり落ち込みました。しかし、今もその市場ではわが社が圧倒的な強さを誇っています。そして３番目が福祉市場です。10年前から木製のドアを作り始めていますが、ようやく50億円近くの売り上げになったところです。４番目がこれから４〜５年間かけて取り組もうとしている学校市場です。学校が増えることはありませんが、間違いなくずっと継続して存在します。小学校、中学校、高校、大学とありますので、必ずメンテナンスや模様替えがあるはずです。学校の廊下と教室の間は固定壁になっています。今は溶接で留めていますが、その壁を小松のパーティション２社が後付けでやろうとしています。そうしますとデザイン的に多様なことができますし、生徒たちにとって良い環境が提供できるわけです。今は圧倒的にサッシメーカーなどが手掛けておりますが、これからはパーティションを使ってやりたいと考えています。

——今の日本に不足しているのは、やはり挑戦することだと思います。御社の歴史は挑戦の歴史だと思います。挑戦する際に、社長として心がけておられることは何でしょうか

　今は中国や東南アジアへの展開を進めていますが、発展途上国は昔の日本と同じで非常に挑戦意欲が高いのです。やはり先方へ行って仕事をするとなりますと、日本の今の考え方を持っていくと絶対にうまくいきません。要するに、高度成長期の考え方を持ち込んで展開しないといけないわけです。そういう意味では社長である私自身が過去に大きな失敗をしましたし、皆さんには大変ご迷惑をおかけしました。結果として大きな損失を出しましたが、今はようやく財務体質が前に戻った感じです。やはり、トップの失敗はよろしくありません。しかし、若い人

たちは成功の過程としての小さな失敗をたくさん経験した方がいいと思っていま

す。例えば、成功しようと思ってやってみたところ自分の思いと違ってどうもうまくいかないケースが出てくるものです。ですから、どのような気持ちでそれを決定したかという自分の心境を振り返るのは本人しかできませんので、それをすることが重要なのです。私の場合も会社を大きくしようと挑戦したわけですが、「2代目だから初代を超えなければいけない」などといった自我があったために、それが見る目を曇らせたのだと考えています。もし純粋に全体を見ていたら、私心が入っていることに早く気が付いていたことでしょう。そういうことが後になってわかってくるのです。今はいろんな判断をする際に、絶対に私心が入っていないかを常に確認するよう徹底しています。

——**そうですね。従業員の立場になりますと「それは本当にお客さまのためになるのか」ということで判断しなければいけません。もし自分の業績を上げるために判断していけば間違いを犯すことになりますね**

おっしゃる通りです。どうしても営業マンは目標値を持っていますから、それを達成しなければならないのです。しかし、目標を達成するためには、お客さまから評価されたり、贔屓にしてもらったりするから業績が上がるのです。ですから、お客さまのために一生懸命に取り組めば結果は出てくるのですが、目標期限が迫ると「自分はこの売り上げがないと達成できない」と強引にセールスをしてしまい、いい結果が出せないケースが多いのです。これについては、わが社の「お客さま第一」という基本的な考え方として常に戒めています。ですから、お客さまに感動してもらう、満足してもらうということを徹底してやるのです。業績のよい人は必ずそれを実行しています。

——**先般、2016年／3期から2018年／3期までの中期経営計画を立てられました。**

売り上げについてはそれほど大きく伸ばそうという計画ではなく、むしろ利益率の向上に重点を置いた内容になっています

　われわれの業界の先行きは横ばいなのです。ですから量を伸ばすというのは簡単ではありません。これからはかなり激しいシェア争いになってきますので、特別な何かがないと伸ばすことが容易ではありません。となりますと、やはり内部体質を向上させることに力点を置くことになります。もちろんお客さまのニーズに応えていくことが一番ではありますが、利益を上げることで内部体質の強い会社づくりを目指そうと考えています。従いまして、いい仕事をして単価を上げる必要があります。お客さまからの評価が市場価格ですから、お客さまに心から喜んでもらう仕事を懸命にやり、それで単価を若干認めていただくことです。それを昨年あたりから進めていますので、単価は少しずつ上がってきています。ただし、量はなかなか増えないのが現状です。そのためには、従業員一人一人の人間的な質を高めていく必要があります。間仕切りメーカーは日本にしかありませんので、当社の品質は世界一だと自分でも思っています。そうした誇りを持って中期経営計画に挑んでいきたいと考えています。

――そうした取り組みの中で大きなファクターとなるのは海外展開でしょうか。御社では既に中国に進出しておられますが、今の建設ラッシュを見ていますともっと売り上げが伸びてもいいような気がします。海外戦略についてお聞かせください

　海外はこれからだと思っています。中国での投資は大きいのですが、まだ14～15億円しか売れていません。元々、中国には間仕切りという文化がありませんし、わが社の単価が高いということがネックになっています。とにかく中国は価格が安くて見た目がいいものを求めてきます。長持ちするかどうかは無関係なのです。ですから本当に間仕切りの良さが理解できる人しか使いませんので浸透するのに時間がかかっています。中国に進出してから約18年が経ちましたが、ようやく間仕切りが使われるようになったと感じています。その間仕切りと売り上げを二分するのが病院のドアです。日本ではオフィス市場が一番大きいのですが、中国は小さいのです。しかし、病院市場を中心にやがては20億円を超えるだろうと見込んでいます。とにかく日本から持って行くのは難しいと思いますので、基本的に

は現地生産を考えています。

　シンガポールには平成27（2015）年1月に支店を出しまして、今は2～3人が手探りの状態で販売ルートの確立に動いています。中国以外の東南アジアにつきましては、シンガポール支店を起点にインドネシアやマレーシアあたりを中心に開拓を進めて行く方針です。

——国内は成熟市場であるため今後それほど成長は見込めないということですが、国内では特に人口減少による悲観論が大変強い状況です。それを言い訳にしすぎているような気もしますが、そういう中で政府は「女性の活躍」や高齢者も含めた「1億総活躍」といった方針を打ち出しています。これについて御社はどのように対応しておられますか

　世の中でもっと女性の管理職を作らなければいけないという流れが出てきていますので、わが社では3年前から女性を管理職に登用する取り組みを強化しています。その結果、過去3年で主婦4人の管理職が誕生しています。さらに、女性目線での商品開発が進みつつあります。1人の女性が10年間ずっとユニバーサルデザインの研究に携わっていまして、東京オリンピックのユニバーサルデザインの研究会メンバーにも選ばれて活動しています。彼女は設計事務所へ勉強会の講師として出向いたり、論文を発表したりして学会などでも高い評価を得ています。その彼女のユニバーサルデザインが複数の国際空港のトイレなどに採用されています。

——この小松地区もそうですが、北陸全体がものづくりの強い地域であって優秀な中小企業がたくさん立地しています。それらの現場では人手不足など多様な問題を抱えているわけですが、中小企業が今後も生き残っていくためのポイントについてアドバイスをお願いします

　やはり会社として横並びではダメだと思います。ですから、わが社ならではの強みといいますか、特長がないと他社と同列のまま価格競争に陥ってしまうと思います。それを常に意識しながら追求していかなければいけません。それは、品質であってもいいし納期であってもいいし、価格であってもいいし人材のあり方であってもいいと思います。周りを見たところ、いろいろな工夫をされていると

ころが生き残っているように感じます。

——国内トップの建機メーカー・コマツは小松市が発祥の地です。よく見ますと、小松市というのは多くの起業家を生み出していますし、意外と面白い地域でないかと思います。そういう意味では、この小松の地で生産を続けていく意義は大きいのではありませんか

　そうですね。コマツの発祥の地であり、コマツに鍛えられた協力企業群はすごい技術力を持っていると感じています。ですから、小松市周辺のものづくりは国内でも非常にレベルが高いですし、われわれの板金の一部もコマツの取引先に出しています。コマツの企業群の厚みとは比較になりませんが、わが社の外注先も結構充実していると思っています。

　ですから、多分私の代では本社は今と変わりませんし、ものづくりもここが中心になると思います。時代の流れからしても東京へ行くようなことはないだろうと考えています。本社そのものはこの地域で育てられて、地域の人たちと深い関係づくりができています。そして、小松にいるからこそ「コマニー」としての存在がありますので、それは大事にしていかなければなりません。ここで育てられて利益を上げて、税を地域に還元していくのは社会貢献として大事なことだと思います。

——最後に、社長が大切にしておられるような言葉、座右の銘を教えてください

　「ありがとう」という言葉が大好きです。感謝を具体的に表すと「ありがとう」という言葉になりますので、生きている・生かされていることへの感謝とか、従業員が一生懸命汗をかいて今をやってくれていることへの感謝ということになります。もちろん、わが社の商品を扱っていただいているお客さまへの感謝もそうです。それが基本にあって、初めていろいろなことが成り立つのではないかと思っています。やはり謙虚さがないと感謝できません。上へ行くにしたがって、だんだん謙虚さがなくなっていきます。ですから、常に感謝する気持ちを自分に言い聞かせておかないと、どうしても尊大な形になってしまいますし、トップがそうなると会社も同じようになってしまいます。だから、生きる基本としては常に感謝し続けていくということです。もちろん親への感謝、自分が今ここに生き

ているという感謝もありますので、存在そのものに感謝するところからやっていこうと考えています。

　社内では「有言実行」と言っていますが、「不言実行」はあり得ないし、それは卑怯なやり方だと言っています。会社へ入ったら「有言実行」であるべきで、自分が「やります」と言ってから仕事をして初めて評価されるものだと理念手帳にも明記してあります。そういう意味で、当社の理念をしっかり守って実行することが、実はいい人生を送るための、そして人間として生きるための基本だと教えています。それは会社だけでなく、家庭でも同様です。ですから、「そのような会社づくりを全員でやろうよ」と一致団結して取り組んでいます。日本の良さは、まさにそこにあるのだと思います。人間を大事にして、人間としていろいろ応えていって、そして対価をいただいて、ということです。「そういう会社が良い会社だよね」というふうに世間から認知され、「ああ、あんな会社になれたらいいね」というふうに思われるのが理想です。

——本日はお忙しい中どうもありがとうございました。

Top Interview 12　　　　　　　取材日：平成28（2016）年2月

会社経営は映画作りと同じ
～人びとの才能を引き出し、まとめあげることが大事～

株式会社 SHINDO　代表取締役CEO
新道　忠志 氏

会社情報
【本　　社】　福井県あわら市伊井11-1-1
【創　　業】　昭和45（1970）年2月
【設　　立】　昭和53（1978）年7月
【業務内容】　繊維事業、繊維製造、産業資材事業、シリコーン事業

――御社の歴史を見ていますと、創業以来、順風満帆の歴史のように見えますが、創業時にはご苦労もあったと思います。創業に至るきっかけを教えてください

　私は若いころから映画を作りたいと思っていました。それを母に相談したところ「映画をやるなら、自分で稼いで、そのお金でやりなさい」と厳しく言われ、そのとおりだと思いました。映画というのは時代考証の中でいろいろな衣装が出てきますし、日本では800年くらい前から装飾というものがありました。そうした歴史も多少は勉強していましたので、服飾資材に携わることに違和感はありませんでした。

　事業立ち上げの契機となったのは、48年前に「日仏交流会」のイベントに参加して渡仏したことにあります。街をぶらぶら歩いていた時、店のショーウインドーにディスプレーされたシャネルのスーツなどを見て、そのものすごくカラフルで印象的なデザインに魅了されてしまったのです。当時の日本人は誰もが同じような服装をしていてファッションという概念がまったくない時代でした。ふと「この仕事は面白いかもしれない」と思い、添乗員から服飾メーカーの人を紹介してもらったところ「日本はこれから戦争をしない平和な国になりますから、国民はおのずと個性化されます。しかし、個性化は生地だけではできませんので、やはり付属するものが重要になります」と教えられ「これやな」と直感しました。早速、繊維産地の一つであるリヨンに走り、2日間ほど工場を見せてもらってか

ら、ドイツに飛んで生産用機械を5台発注したのです。それがわが社の始まりになります。

——機械をいきなり5台も買われたわけですが、作る商品とか販売先について何か目処があったのですか

　他所と同じでは売れませんので、独自の商品を作りたいと思いました。私は、デザインをすることが好きでしたので、いろいろと試作してお客さまのところへ持って行ったのです。すると、お客さまから素晴らしいと高い評価をいただき、ある会社からは止め柄にしてほしいと依頼されました。私はうれしくて舞い上がり、どんどん作りましたが注文がまったく来ませんでした。お客さまに理由を聞いたところ、「社内で検討中であり、必ず買うから待ってほしい」と言われました。その時に理解したのは「良い」と「売れる」は別のものということでした。

　事業は母から多額の資金を借りて始めましたが、最初の2年ですべてを費やしてしまい、これではダメだと思って追加で借りれないか再度母に頼みました。すると、「土地や田畑を売るわけにはいかないから、これが最後だよ」とある程度の資金を借りることができました。その後半分くらい費やしたころから次々と注文が入るようになり、在庫が瞬く間になくなりました。わが社は最初の2年間こそ納税はしていませんが、それ以降は1度も赤字になったことがないのです。

——創業当初から赤字にもならずリストラもせず、ここまで大きく成長された秘訣は何でしょうか

　2年後からは、お客さまから評価されるような商品が出て参りました。スポーツ志向が国中に起こり、スポーツ向けの服飾が今では考えられないような数量で10年以上続きました。

　それに加えてシリコーン事業が順調に利益を上げ遡上効果を生み、いろんな商品を企画して在庫を積んできましたが赤字になることはありませんでした。

　創業当時より母から資金を借り、それを返してはまた借りてを繰り返していました。普通預金口座こそありましたが当座預金がなかったため、小切手を振り出したことがありませんでした。そして、ある程度規模が大きくなったころ「当座預金を始めるつもりだ」と母に伝えましたら、あまりいい顔をしませんでした。

Top Interview 12　株式会社 SHINDO　新道 忠志氏　85

挙句の果てに「支払いはすべて現金でやれ。借りてやることは絶対にダメ。手形は決して切ったらあかん。儲かったものでやるなら何をやってもいい。ただし、仕事と全く違うことをやってはいけない」というようなことを言われました。そのおかげで、バブルの崩壊で沈むこともなく、実質無借金で利益を上げた分は事業につぎ込むことができました。それはやはり親のおかげだと感謝しています。実は、今でも支払いは現金なのです。手形で支払ったことがありません。

　おかげさまで会社としては赤字になることはありませんでしたし、リストラを行ったことはありません。

――なるほど、お母さまの教えは今でいうキャッシュフロー経営の実践ということですね。企業の大きな責任の一つは、地域に雇用を作りだすという役割です。そういう意味でリストラもせず、雇用助成金ももらわずにやってこられたというのは素晴らしいことですね

　「利益が出たら会社として、きちんと預金をする。その預金は悪くなった時に使えばよい」と私は常に言っています。よく大手の会社は「わが社はリストラを断行しました。おかげさまでこれだけの利益が出ました」と声高に言っています。これはとんでもないことだと思います。社員を解雇することで利益を上げるなら誰でもできます。社員を一度辞めさせたりしたら、その社員の人生が大きく狂ってしまいます。ですから会社は、「投資」「社員への還元」「リスクへの対応」、利益に対してこの３つの割合が大切だと思います。

　わが社にもリストラしたいと思った時期はありましたが、解雇される社員の気持ちを考えますと踏み切れませんでした。おかげさまで社員は「SHINDOは解雇しない」と思っていますので、わが社に入れば安心して仕事に頑張れるわけです。例えば、技術などたくさんのことを覚えるのに６年から７年はかかるのに、それらを習得した優秀な社員がいなくなってしまうのは企業としての損失は多大です。私は何としても雇用を維持しなければならないと肝に銘じています。

　繊維部門ではスポーツやレディスなど多くの分野を手掛けていますが、それだけでは不安定です。繊維が不振な時には、そこの社員にはシリコーンや産業資材に回ってもらい、グループ全体でバランスを維持し、今では産業資材が忙しいため、繊維から数人が応援に回っています。

――キャッシュフロー経営で赤字にもならず、リストラもせずここまできたということですが、ショールームにリボンやブレード、レース、紐などの見本がたくさん展示してあります。大量の在庫は、キャッシュフロー経営に反する訳ですが、逆にこの在庫の多さが御社の強みと考えていいのでしょうか。繊維以外の分野の強みについても併せてお聞かせください

　ショールームにある服飾副資材は「パスマントリー」といって、種類がものすごく多いのです。この分野は世界でわが社が圧倒的に強く、断トツであると自負しております。

　皇室にお買い上げいただいた商品も展示してありますが、今まで作ったオリジナルな付属は約19万点に上り、今はその中の４万1000点ぐらいを在庫として置いています。そして、お客さまには１ｍから好きなだけの量を買っていただける仕組みになっています。このように４万点以上の在庫があれば、世界のデザイナーさんたちにとって十分間に合うというわけです。

　７年から８年ごとに、ワースト商品を除き新しい商品を加えるようにしております。点数はこれ以上増やすことはありません。多すぎてもお客さまが迷ってしまう面があるからです。これがわが社の強みです。

　わが社には繊維の付属、それからシリコーン、産業資材と３つの部門がありまして、利益の面では、繊維と非繊維は五分五分になっていて社員数では繊維の方が多くなっています。

　現在取り組んでいる炭素繊維は、航空機エンジンの前部にあるファンケース部分の構造材として提供しています。それから掃海艇のボディにもわが社の製品が使われております。さらに、宇宙に上げた機材の中にもわが社の製品が組み込まれています。その他首都圏の下水管がだんだん古くなって交換が必要になってきています。道路の上から工事をしますと交通渋滞を引き起こしますので、古くなった既存の菅の中に、GFRPにて新しい管を更生することにより、工期を短く補強することができます。これらが今後の目玉だと考えています。

　シリコーンの分野では、通気性の良いスポンジ状のシリコーン材（世界特許取得）を使用した義足を提案しております。従来の商品は通気性がないため、使うところが限定されましたが、これにより使用範囲が広がりました。

　ほかにもわが社独自の製品は数多くありますが、こういう差別化製品は中国な

どでは真似ができません。彼らは真似ることを悪いと思っていませんし、逆に自慢する傾向があります。一つ一つ注意をしても解決しませんので、彼らが真似できない製品を作るしかないのです。

――４万1000点の在庫を取りそろえることで世界でナンバーワンの地位を築いたということですが、どのようにしてそういう体制を作られたのですか

今から27年ほど前に、わが社は受注生産体制にありました。ですから、注文がある時は24時間ずっと注文が続くのですが、ない時は稼働率が極端に落ちます。つまり、お客さまの動き次第でいかようにも変わるわけです。しかしその時はスポーツがすごく伸びていましたし、シリコーンも始まっていてスタートからすごく順調に伸びていましたので、これを機に服飾はもうやめようという考えが頭に浮かびました。しかし、かなりの年数に渡って取り組んできましたし、国内のシェアも大きくなっていましたので、簡単に撤退してしまってはお客さまに多大な迷惑がかかるのではないかと思いました。

そこで、特に親しかった国内大手アパレルのオーナーに、「デザイナーの皆さんから意見を聞かせてほしい」と頼みましたら、20人もの気鋭のデザイナーが集まってくださいました。その場で私は「わが社は、このパスマントリーをやめるか続けるかの瀬戸際にいますので、これについての将来性を教えてもらいたいのです」と言いましたら、「これがなくなることは絶対にない。ルイ14世の時代からずっと栄えてきている。ただ売れるのが何なのかが分からない。ニットなのか紐なのか、その時の流れで何が残るかは変わるが、このようなパスマントリーがなくなることは絶対にない」とのことでした。それを聞いて、わが社がすべてのパスマントリーを作ればいいという結論を導き出したのです。

――問屋さんとの関係はどうだったのですか

かつては第一次問屋や第二次問屋があり、製品はそこを経由してアパレルメーカーに渡っていました。ある時、われわれの見本は最終的にはどうなるのか聞いたところ、ショックなことに年末になったらすべて捨てるというのです。つまり、多方面から多様な見本が届くので全部保管するのは難しいとのことでした。「ではどうしたら捨てられないで済むのでしょうか」と聞きましたら、「１万5000点

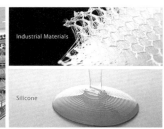

くらいの写真集にして持ってきてくれれば、『SHINDOさんのところにこれだけの服飾がありますよ』と紹介できますので、その保管方法なら大丈夫です」と言われました。1万5000点で試算しましたら、10億円程度の資金が必要でした。それを一度に作ることはできませんが、シリコーンやスポーツが順調に伸びて利益もかなり出ていましたので、10年かけてやろうと考えました。

そうして、1年ずつ企画しては作り、企画しては作りを繰り返し、またあるお客さまには1点張りにして持って行きました。その結果、できあがったのが2万2000点ぐらいになりました。その時、これらをわが社の自社ブランドとして出してみたいと考えたのです。

――創業30年で自社ブランドとして「S.I.C.（SHINDO ITEM CATALOG）」を立ち上げられたわけですが、経営の独立性を目指すには自社ブランドが絶対必要だと思います。一方で受注産業が自社ブランドを立ち上げるのは非常に難しい

自社のオリジナルブランド「S.I.C.」を作った時にはお客さまからかなりの抵抗がありました。私は「絶対にお客さまの得意先には売りませんよ。単にかっこよくブランドを付けたいというのではなく、雇用を安定させて工場の稼働率を平準化させるためには、自社のオリジナルブランドをやる必要があるのです」と関係先に説明して回りました。それが2年も経つと、「そのままSHINDOの名前でやってくれ」と言われるようになりました。今では「S.I.C.」の商品をお客さまへ持って行きますと、それをお客さまは服飾メーカーへ持ち込みますし、今ではわが社がメーカーに直接持ち込んで展示会などもしています。

結局、米国でも欧州でも成功することができ、もう一歩前に出るためには中国に工場が必要となりました。中国の第1工場は延べ床面積が4600坪（4階建て）、第2工場は延べ床面積4489坪（4階建て）の大規模工場を建設。今では世界のお

客さまに「S.I.C.」が定着してきましたし、それぞれの海外拠点も独立しています。昨年はカナダに進出し、次はインドを考えています。

——海外進出のお話が出ましたが、海外展開の歴史についてお聞かせください

　最初は欧州に出すつもりでいましたが、そうなりますと日本の歌舞伎を欧州でやるようなものだから、ハードルが高いと考えました。そこで米国に焦点を当てていろいろと調べていると、専門家から「100階建てのビルの中に事務所を置いても成功はしませんよ。やるなら一番いい場所の路面店でやりなさい。連絡事務所は別にして、新道がここでものを売ろうとするならそうすべきです」といったアドバイスをいただきました。タイムズスクエアから歩いて7〜8分の所に単なる事務所ではなく多額の投資をして、ショールーム兼事務所を出しました。これが予想以上に好調で、ドイツにも支店を作り、そこを拠点にフランスやイタリア、イギリスに展開しようと考えました。しかし、「ドイツなら流通拠点としての価値はあるが、やはり出るならパリですよ」と周囲から勧められ、パリのヴィクトワール広場にショールームを作りました。これがまたもや大成功となりました。

——今後のグローバル戦略についてはどのようにお考えですか

　グローバルと言いますと、なんとなく遠くに行って大きなことをしなければいけないようなイメージがありますが、世界は一つと考える時代ですから石川県へ行くのもベトナムへ行くのも一緒です。わが社が海外で成功したのも、宗教や教育に違いはあったとしても、現地の人たちに「嘘をつかない」ということを徹底したことが根底にあります。つまり、会社にとって必要な投資や利益などを現地の人たちに明確に説明しました。日本人同士で隠しながら何かをしたとしても、現地の人たちも手伝っているわけですから何もかもわかってしまいます。つまり、隠せばすべての信用を失くしてしまうのです。やったことがはっきり分かるということは、どこへ行こうとそれは通じます。それによって利益の配分などを納得させています。

　例えば、相手に対して厳しくても、心があったかいことが大事です。人を冷たく扱う人が一番嫌われます。相手は人間なのだから、どんなに言葉が分からなくても理解してくれると思うのです。そういった面を知って海外に出て行けば、世

界のどこへ行っても通用すると思います。米国と欧州も2年目から黒字になり、今では全グループが黒字経営を維持しています。

——繊維で創業されて今ではシリコーン、産業資材と3本柱に育っています。シリコーンや産業資材といった新規の分野をいかにして見出されたのでしょうか。また、その分野に出ていく際にどのように決断されたのか教えてください

雇用を安定させるためには異業種の柱が必要です。それにより、好不景気のバランスが取れるのではないか、という発想で3部門を設けることを考えました。

そうした中で、シリコーン、産業資材と出会ったわけです。シリコーンはその当時は白いものがほとんどでしたので、色物をやりたいという話に出会いました。それでわが社に化学の能力を持った者が3人おりましたので運よく2年目から利益を出すことができました。

産業資材は、大手自動車メーカーの研究室にいた息子が帰ってきまして、前職では100億円から200億円くらいを使いながら、7年ほどかけて新たなエンジンの開発をしていました。それが一つ終わった段階で入社したのですが、彼は私が手掛けてきた仕事を引き続きやるのではなく、今後は産業資材が面白いからそれをやりたいと言い出しました。これは17年かけて取り組んでいますが、黒字になるのに13年もかかっています。これにはまいりましたが、息子が責任者でなかったらとっくにやめていたと思います。しかし、おかげさまで今では大きな柱に育っています。

運がよかったのは、国内の繊維が少し悪くなり出す前に産業資材がいくらか黒字になってカバーしてくれたことです。そういう組み合わせがうまくいって、赤字になることがなかったのだと思います。

——新規の事業が軌道に乗るまでに、このあたりでやめたらいいのではないかというタイミングがいくつかあったと思います。その時はどのような判断で継続されましたか

まず、当事者である社員たちと話をするのです。私よりも彼らが考える時間で区切った方が一番よろしいと思います。まず「この事業はうまくいっていないけれど、どれくらい時間をかけるつもりなのか」と私は聞きます。そうすると「あ

と３年ください。資金はこれだけ必要になります」と返事がきます。

　それから３年くらい経過して軌道に乗っていない場合、必ず泣きながら「絶対に続けさせてくれ」と迫ってきます。実はこのパターンは決まっているのです。それを私は見込んで、３年に２年をプラスして「５年かな」と計算して後押しすることにしています。そうなりますと当事者たちは必死でやりますから、ある程度明かりが見えてくるのです。その時点で成功はしていませんが、これでやめるというのは私自身にとっても耐えられないことでした。ですから、うまくいかなくて「これで、やめます」ということは今までに１回もありませんでした。

　中国に出た時にもこれと同じような経緯をたどりましたが、９年目ぐらいからは黒字経営を続けています。

—— CEOが創業されて会社をここまで発展させてこられました。現在は社内カンパニー制をとっておられます。そのメリットやデメリットについて教えてください

　今ならグループで100億円くらいの売上高になりますが、私は分社化といいますか社内カンパニー制を採用して４人の社長を作りました。これは、私１人に対して４人程度がいいのかなと思ったからです。ところが、実際にやってみますと１対1なら私は負けるとは思わないのですが、２対１では劣勢になり、４対１になると100％彼らに勝てません。ですから、社長を４人置かなかったら、「SHINDO」は今より先の明るさが見えなかったと思います。

　私が社長を退こうと決めてから、３年間は迷いました。私が退けば、人事、給料、操業などすべての事案を４人の新しい社長が決めることになります。しかし、オーナーの私が介在すると全員がこちらを向いてしまいますし、４人の社長もどちらを向いていいのか分からなくなってしまうのです。やはり、自分の給料、自分の部下の給料などはすべて社長が決めるべきなのです。人事についても私に相談はするけれども彼らが決定権を持っています。今では全員がそれぞれの社長の方を向いており、私の方はほとんど向かなくなりました。

——３年後は創業から半世紀となります。今までを振り返っての思いをお聞かせください

　全グループの流れをコーディネートするのが私の今の仕事です。

50周年は一つの通過点です。ここまで会社が大きくなったのは私だけの力では
ありませんので社員たちが主役のパーティーを開催する予定です。

企業は「人」です。私は「会社のために人がいるのでなく、人のために会社が
あるわけで、その信念を持って自分たちの生活を守るのは会社が利益を出してい
くことです。そのことをしっかりと自覚することが大切です」といつも言い続け
ています。

やはり、みんなと楽しくやって、「この会社に勤めて良かった」と思えるよう
な生涯を送ってくれればありがたいなというのが私の夢でしょうか。

**——御社はまさに成功したベンチャーですが、日本の社会はもっと起業家が出て
こなければならないという議論があります。最後にもっと起業しやすくするため
の方策や、これから起業しようとする人たちのために何かアドバイスがありまし
たらお願いします**

起業家になるためにはイノベーションが大切であり、新しいことにチャレンジ
することが必要です。

私どもの会社では、まず1番目に躾、そして2番目に「基本的人間性を持たな
いものは去れ。基本とは、常識、誠実、実行力である」という社訓があります。
このことが基本にあって、そこから起業家として自分がやっていけるかという基
礎ができていなければいけません。起業するにも、おのおの職種が違います。成
功するのは簡単ではありません。

この度、わが社は「日本で一番大切にしたい会社」の審査員特別賞を受賞しま
した。これまでの従業員に対する思いや経営環境への取り組みを評価いただけた
ものと大変うれしく思っております。

実際に社内カンパニーに4人の社長がおりますが、私が考える前に手を打って
いるケースがほとんどです。

全面的に任せる方が人は育つし、その方が良いと思います。自分でやってみれ
ば、痛みも喜びも自分で感じますから、それに勝る教育はありません。私はそう
いう風に考えております。

——本日はお忙しい中どうもありがとうございました。

Top Interview 12　株式会社 SHINDO　新道 忠志氏　93

Top Interview 13　　　　　　　　　取材日：平成28（2016）年４月

コンパクトシティが目指すものは、
市民の意識・ライフスタイルの転換
〜富山のものづくりの伝統を生かし、
　　　高齢者も若者も住んで楽しい活力ある都市〜

富山市長
森　雅志氏

——本日はお忙しいところお時間をいただきありがとうございます。富山市のコンパクトシティを中心とした環境問題への取り組みについておうかがいしたいと思います。

　平成28（2016）年５月に「G７富山環境大臣会合」が富山で開かれることになったのは、やはり富山市の環境問題への取り組みが評価されたからだろうと思います。それは市民として大変喜ばしいことなのですが、富山市の取り組みが評価され、いろいろなプロジェクトが進んでいるせいか、全体像が少し見えにくくなっているように思います。そのあたりを整理してご説明いただければと思っております

　はい、わかりました。富山市の取り組みというのは、必ずしも環

富山市概要

面積	1,241.77	（k㎡）
人口	421,953	（人）
65歳以上比率	24.5	（％）
人口密度	339.8	（人/k㎡）
人口増加率（H 17〜H 22）	0.17	（％）
財政力指数	0.789	
１人当たり市民所得	3112	（千円）
製造品出荷額	11,661	（億円）
小売販売額	4,140	（億円）
産業別人口構成		
1次産業	2.6	（％）
2次産業	30.3	（％）
3次産業	67.1	（％）

境問題に位置付けてスタートしているわけではなくて、結果的にそういう評価になっているということです。

　まず富山市が「環境未来都市」や「環境モデル都市」に選定され、環境省から環境大臣会合の開催都市として選ばれた理由の環境対策というのは、例えば北海道下川町のように木質資源を使って地域でエネルギーを作りだして外販することや、地熱発電で自然エネルギーや再生可能エネルギーをたくさん作るアプローチとは全く違いますので、富山市がやっていることは非常に分かりにくくなっています。富山市は全国に誇るほど太陽光発電でエネルギーを作っているとか、世界に誇るほど小水力発電で電気を作っているわけではありません。そこは、カテゴライズされている領域が違うわけです。

富山市の基本はコンパクトシティ

──富山市の場合、コンパクトシティがベースにあるのでしょうか

　富山市は平成15(2003)年くらいから都市のさらなる拡散を停止させ、公共交通をブラッシュアップしながら沿線住民を緩やかに誘導する「公共交通を軸としたコンパクトなまちづくり」に取り組んでまいりました。すべてはこれが基本となっています。

　公共交通を活性化していけば、人の移動距離が短くなります。つまり、「トリップ長*」が短くなるということです。その結果として化石エネルギーの使用低減につながっていきますし、人が集まって暮らすことによってエネルギーの効率的な使用につながっていくことになります。それは分かりにくいと思いますが非常にユニークな環境対策になっています。そういう点が評価されているわけです。

*トリップとは、ある目的を持ってある地点からある地点へ移動する単位で、ある1日の行動回数のことをいい、トリップ長とは1回のトリップで移動する距離の長さのことをいう。

OECDによるコンパクトシティの評価

──OECD（経済協力開発機構）によっても富山市のコンパクトシティ政策が高く評価されました

OECDによって平成24(2012)年6月に富山市は世界のコンパクトシティモデル都市としてメルボルン、パリ、バンクーバー、ポートランドともに世界の先進5都市の一つに選ばれました。その時の評価の基準は、環境という視点ではなく、超高齢社会で人口減少という都市が全国や世界にたくさん生まれていきますので、その中の一つのモデルとして評価されているのです。

国連による評価…SE4All

——平成26(2014)9月国連はエネルギー効率の観点から富山市を評価しました

国連の「SE4All(Sustainable Energy for All：万人のための持続可能なエネルギー)」は、エネルギー効率の改善という視点で見ています。つまり5000ccクラスの車で人が動いているという都市から拡散して人が住んでいるところを見ますと、公共交通の利用にシフトさせている点でエネルギー効率が良いということになります。要するに、持続可能な都市の成長を支えるためにも、エネルギーの効率的な使い方を考えていかなければならないという視点で「SE 4 All」は捉えているのです。

環境モデル都市・環境未来都市

——平成20(2008)年7月に富山市は環境モデル都市6都市の一つに選ばれました。さらに平成23(2011)年12月に11の都市・地域が環境未来都市に選ばれ、富山市もその一つに選ばれました。東日本大震災の被災地以外では北海道下川町、横浜市、千葉県柏市、北九州市、そして富山市です。

環境モデル都市は低炭素社会を目指して温室効果ガス削減に取り組んでいます。環境未来都市は環境モデル都市の中からさらに厳選されて、環境、社会、経済の3側面に優れたより高いレベルの持続可能な都市とされ、「環境・超高齢化対応等に向けた人間中心の新たな価値を創造する都市」というのが基本コンセプトだと聞いています

そのとおりです。環境モデル都市を土台にして環境未来都市の認定をいただいています。環境モデル都市・環境未来都市を選定している内閣府においても、温

室効果ガスの削減や超高齢社会の到来といった社会の変化に対応する持続可能な社会を作るために、新たな都市運営のスタイルを作り出そうとしているのです。

　富山市の場合は「公共交通を軸としたコンパクトなまちづくり」という一つのビジョンを進めてきていますが、それを多様な視点から評価をいただいていますので、外から見て分かりにくくなっているのです。

——まだ分かりにくいところもありますが、市長のご説明でかなり整理できました

　先ほどの説明が分かりやすいと思います。地熱発電で世界に誇れるエネルギーを作り、それが必要かと言えば、そんなことはありません。

　そうではなくて、ライフスタイルを変えていこうというアプローチが、その結果として化石燃料の使用を減らし自然エネルギーを増やすということになるのです。そうして省エネが進み、エネルギーの消費量を減らす。そういうある種の新しいアプローチに見えているということだと思います。

レジリエント・シティについて

——平成26（2014）年にロックフェラー財団から世界のレジリエント・シティ100の一つに富山市が選ばれています。そうしますと、これもある意味で今のお話とつながっているのですね

　どこも同じ取り組みをしていますが、ロックフェラー財団から見ますと、公共交通を活性化し高齢者の外出機会を増やして高齢者を元気にするということは「高齢者＝弱者」ではなく、そういう社会を作ろうとしていることがレジリエントであるということです。本来、超高齢社会・人口減少という現象を危機だからといって押しつぶされてしまうということではなく、もう一度チャンスだと捉えて、危機に対する柔軟さを持ってバネのように跳ね返す。そういった元気な高齢者を作ることで結果的に地域が元気になり、若者も呼び込むことができる。そのような取り組みが実はレジリエントなのだという評価をしてもらったと思っています。

——なるほど、単に災害に備えてインフラを整備するとかそういうことではなく

Top Interview 13　富山市長　森　雅志氏　97

て、今ある課題、つまり超高齢化や人口減少による都市の衰退に対してどう対応していくのか、という問いに対する答えとしてのレジリエントなシステムということですね

　はいそうです。防波堤を作ったということを富山市はしていないわけです。単にハードの問題ではなくて、「ライフスタイルを超高齢社会・人口減少時代を生き抜く暮らし方に変えようとしているアプローチが良い」と評価されたのです。

コンパクトシティ

――コンパクトシティの目指しているものは「ライフスタイルを変える」ということですね。

　市長に就任されて以来、ずっと「コンパクトシティ」を唱えておられますが、環境モデル都市や「SE4All」の場合には「環境モデル都市行動計画」や「エネルギー効率改善計画」を作成されています。では、コンパクトシティというのは、個別の計画なりアクションプランのようなものがあるのでしょうか。もちろん富山市の総合計画の中に盛り込まれていると思いますが

　計画という形での「コンパクトシティ政策」はありませんが、ビジョンはそれと同じような形で「３本柱」を掲げています。「交通を活性化する・リバイタライズする」「人の住み方を一定程度集約する」「中心市街地を活性化させる」といった三つの柱を順番に進めてきたわけです。

　平成15(2003)年にまとめた計画では、衰退する一方の公共交通に思い切って公費投入をして、もう一度使い勝手の良いものに回復させようとしました。そして、駅周辺に住む人に補助金を出して、緩やかに誘導しようとしました。規制ではなく誘導することで人の住まい方を動かそうとしたわけです。

　さらに、「楽しい」とか「お得感がある」とか「おしゃれ」とか、そういうことを多様に仕掛けることによって人を動かそうというのが富山市の基本的な計画だったわけです。

　数値的に言いますと、まだ道半ばの状況ですが延長で25kmくらいのLRTのネットワークを作ろうとしています。それから、居住推奨エリアに住んでいる人の人口構成比について、当初は28％であったものを42％にしたいと考えました。従い

まして計画を達成しても6割の人は郊外に住むことになるわけです。ですから、郊外居住を全否定しているわけではありません。もし42％になれば、その限りにおいて集約化が進みますので、将来の都市の維持管理コストを抑えることができます。例えば、除雪の延長を伸ばすのを抑えたとか、ごみの収集するエリアの広がりを抑えたとか、そういうことで効率的な都市経営になっていくということです。

——郊外といえば、平成17（2005）年の市町村合併では、事情を少し複雑にした面があるように思いますがいかがでしょうか

現在の地域拠点はそのままにして、地域をつなぐ交通軸を良くすることによって、居住推奨エリアが広がっていくということです。

例えば、新駅を設置すると、そこから半径500ｍは居住推奨エリアになるのです。上滝線にも高頻度運行したり、「おでかけ電車」といって高齢者が安く乗れるものを作ったりすることによって、それぞれの電停や駅の近くも居住推奨エリアにしていきたいということです。

そういう意味で、市町村合併とコンパクトシティ政策というのは、必ずしも対立してぶつかるものではないということです。

コンパクトシティは車社会からの転換

——一番のポイントは、人口が減る中で高齢者が増えていく、人が減ればお金も減っていく、という中でどのように市民の生活の質を維持していくかということになりますね

人口が減れば経済もシュリンクしますし、経済がシュリンクすれば税収も減ります。それでは高負担の都市になってしまいます。都市が拡散を続けていけば老朽化が進みます。例えば橋の老朽化対策や道路の維持においては多大な費用がかかります。そういうものを減少する若い人たちが負担していかなければならないわけです。こうした問題を放置しますと市民一人一人の負担がものすごく大きくなりますので、それを何とか乗り切りたいということで始めたのがコンパクトシティなのです。

それが結果的に「環境にとってもいいじゃないか」とか「都市生活からみても
いいじゃないか」という評価になってきました。さらに「郊外に次世代型の農業
を展開していくという産業政策としてもいいじゃないか」という評価もいただけ
るようになりました。ある意味「結果オーライ」みたいなところがありますね。

──しかし、それはある意味で先見性があったからだと思います

　新しい市立図書館は、中心市街地のど真ん中にあえて作りました。もちろん、
これも広い駐車場を求めて郊外へ出すという選択肢がありました。今までの都市
経営でしたらそうしたと思います。それをここ10数年にわたり富山市が進めてき
た政策に符合させようと中心部に図書館を残したということです。これをやりま
したら、来場者が50万人を超えました。無料駐車場がない図書館ですが、使い勝
手さえ良くして魅力的な環境に整えれば、必ず利用していただけると思います。

──中心市街地まで車で来たとしても、そこから歩いて回れればいいですよね

　何よりも時間貸しの駐車場が街の中心部にたくさんあります。そういう状況の
中で500台もの無料駐車場を作ったら明らかに民業圧迫になりますからやっては
いけないと思いました。

市民の参加

──少し話は変わりますが、「環境モデル都市」で策定された行動計画と「SE4All」
で策定された「富山市エネルギー効率改善計画」を見ますと、目標が微妙に違
います。環境モデル都市では、CO_2の削減比率が2005年対比で2030年に30％減
少、2050年に50％減少と書いてあります。一方「エネルギー効率改善計画」では、
2011年度のエネルギー効率改善度マイナス0.7％を、2030年には２倍のマイナ
ス1.4％にするとなっています。市民にとって分かりづらいような気がします

　それは求められている計画の基本的なフォームがあります。それぞれの主催す
る団体がそれに上書きしようとするから、そうなってくるので仕方がないのです。
目指しているものにそれほど大きな差があるわけではありません。そこは分かり
にくいのですが、その計画の提出を求めている組織の整理の仕方が違うから起き

ているのだとご理解いただければいいと思います。

──表面的な目標値は違っていても、やっていくことは同じだということですね。では、CO_2の排出量に関してですが、産業界の取り組みは結構進んでいると思いますが、家庭用は逆に増えています

　そのとおり、日本中がそうですね。

──だんだん電化製品の省エネ化が進んできているとは思いますが。家庭用の排出量が増えつつあるのは気にかかります

　これは10年もすると大きく変わると思います。放っておいても、皆さんは省エネタイプに買い替えていきます。後は、移動・物流というところだろうと思います。トラック輸送をなくすわけにいきませんから、やはり一人一人のライフスタイルの中で、車の使用頻度やマイカーの移動距離をどう改善していくかです。

──やはり市民の皆さんの参加ということが一番大事になってきますね

　そう、暮らし方ですね。公共交通に乗っている人は飛躍的に増えました。でもガソリンの購入量はあまり減っていません。それから、軽自動車の普及率が非常に高くなっていますから、大型車から軽自動車にシフトすればガソリンの消費は減るはずですが、それほど減ってはいません。それは大都市と比較するからだと思います。東京に住んでいる人の１人当たりのガソリン購入量と比較しますと、地方都市はやはり大きくなってしまいます。

──自然環境を含めて地域差を考慮して比較しないと意味がありません

　そういう意味で北陸全体の購入量の減少率と富山市の減少率を比較しますと、富山市の減少率は３倍ほど大きい。北陸という地方での暮らし方の中でも、他の都市と比較するとその影響は出ているわけです。では富山市は評価して褒められるほどのことかといいますと、全国平均と比べると高いのです。これは数字のマジックです。ですから、その都市自体の時間軸によって比較していくのも一つの方法だろうと思います。

——市民参加という意味では「チームとやまし」の運動の現状はいかがですか

　今は２万人くらいのメンバーがいるはずです。企業、学校、団体、NPOなど、いろいろな人たちに参加してもらっています。この運動の良い点は、同じ目標にチャレンジするのではなく、それぞれできるところからやろうという発想です。自分たちの団体はこの点についてこのような目標を設定し、その実現に向けてやっていこうというものです。ですから、それぞれ違う目標を掲げて、後は達成度をみんなで競い合っていくのです。運動の統一感に欠けるかもしれませんが一番大事なことだと思いますし、「意識の変化」ということでは意味があると考えています。やはり少しでも歩くとか、エレベーターもなるべく使わないとか、どういう目標でもいいわけなので、意識を持って参加することが大事ですね。

　そういう意味では、環境大臣会合が開かれるということは、市民一人一人の意識をもう一度高める、再確認する、そのいい機会だと思っています。そうして小学生を中心とした子どもたちの意識を大きく高める。さらには、富山市に対する誇りをみんなが感じる。「さあ、これから自分たちも良い街にしていこう」という意欲や気持ちにつながるという教育的な効果が非常に大きいと思います。

シビックプライド

——いろいろと富山市が表彰されたことで、市民としては市長がおっしゃっておられる「シビックプライド」みたいなものが大きく高まってきているのではないかと思います

　はい、大きく高まっていると感じます。

——市民の皆さんのプライドと共に、市民としての責務というのか、そういったものをどう醸成していくのか、というところが気になっています。大変難しいですけれど、いかがでしょうか

　例えば、中心部のかなりの地域で生ごみだけを別に収集してもらっています。これは、エコタウンで生ごみを電気エネルギーに変えているわけです。それが隣の「三菱レイヨン」が使っている。あるいは、バイオガス化してガスを送ったりしている。そのベースは家庭から出る生ごみにあります。可燃物で紙類と生ご

みを一緒に出せば1回で済むものを、わざわざ生ごみだけをもう一度分けるという負担を市民にしてもらっています。これがかなり広がってきましたので、「協力してください」と自治振興会などを経由してお願いしますと、皆さんきちんとやっていただけます。

それから「オーバードホール」でコンサートを開催している際に、10年前と違って、今は幕間にワインやビールが結構売れるのです。これは皆さんが公共交通で来ているからです。

ライフスタイルの変化

――市民の意識も変化してきているということですね

市民の暮らし方に変化が感じられるというように、よく見ていきますと結構皆さんに協力してもらっているということは感じます。言葉は悪いですが、「仕掛けていく」ということですね。

――何かそういう方向に動くようなモチベーションを作ることが大事だと思います

はい、お得感とかが必要です。例えば「おでかけ定期券」というのは毎日3000人ほどが使っていまして、バスで動いているわけですよ。これは全高齢者の2.4%になります。やはり車だけで暮らしていた時代から見ますと、少しずつ変化が出てきているように感じます。

――そうやって利用者が増えれば、またバスの運行もやりやすくなります

安定的な経営になりますし、新しいバスに買い替えるような状況になっていきます。そういった「正のスパイラル」に変えていかなければなりません。

――やはり公共交通の活性化がカギですね。中でも富山の強みは路面電車が走っていることです

そうです。ですから、あと4年ほどでライトレールとつながれば大変便利な2次交通ネットワークになりますので、この沿線に住んでいる人たちは暮らしやすくなると思いますね。

高齢者が元気な街は環境に優しい街

——そうなれば市長がおっしゃっているような高齢者の方の外出機会も増えていきます

　そうすると健康寿命が延びて、元気な高齢者が多くなっていくと思います。

　新年度から四つの新しいプロジェクトチームを作りましたが、そのうちの一つに与えた宿題は「65歳以上の人たちの働く場をどう作るか」です。例えば「人材バンク」みたいなものをどう作るかということです。

　今までの「高齢者雇用奨励金」のような制度は65歳までだと考えています。60歳で定年を迎えた人を再雇用するための雇用奨励金ですが、対象は65歳までとなっています。では65歳超の元気な人たちにどう活躍の場を与えるか、そろそろ検討に入る時期だと思っています。

——高齢者の方が元気に暮らせる街を作ることがとても大事ですね

　そうです。例えばフルタイムで働かなくても週に3日だけ働くとか、長い間の経験から知見を得た人を知見に乏しい小さな企業にマッチングさせるとかです。そういった65歳以上が対象の人材バンクは必要だろうと思います。ただし、これはアイデアとして詰めていきますけれど、市が主体でやることに必ずしもこだわる必要はありません。例えば商工会議所など、いろいろな経済団体が一緒になってやることだろうと思います。

——日本では定年制が当たり前のように考えられていますが、世界を見るとあまり定年制というのはないですよね

　富山市の取り組みとして、今年度からタスクフォースを作りましたので、勉強を始めていこうと考えています。

——意欲があっても働く場所を見つけるというのはなかなか難しいですから、それは大変素晴らしい政策だと思います

　そうなのです。なかなか見つけられない現実があります。後は、農業には定年がありませんので、10年ほど前から始まった「楽農学園」を推進します。これは

大変人気がありまして、非農家の人に農業技術を勉強してもらうという2年の
コースです。1年に百数十回の講義を受けて、それが終わったら専攻科で本格的
に学びます。例えば「梨の栽培をしよう」という人たちを梨農家に紹介します。
経営まではやりませんが、農家に行って農機具を使って作業をやります。そこで
は作業をした対価として1日いくらといった報酬をもらいます。このように非農
家と農家のマッチングを今までもやってきましたが、これをもう少し広めていこ
うと考えています。

――なるほど、それは楽しみとしての農作業みたいなものですね

農家の農地で、農家の人と一緒に農業技術を身に付けた非農家の人が働けば、
お互いにメリットがあります。

――それから世代間の技術の継承も可能になります

そうです。スイカを作る名人がもう90歳くらいになっていて、今では重いスイ
カを動かせない。だけど、技術は知っている。だから、70歳代でやりたい人がい
れば、「この時期にこうやって、つるが出てきたらこうやって」ということを指
示すれば、全体として経営がなされ、ノウハウも継承されていきます。

2030年の富山市の姿

**―――一番大事なのは、市長がおっしゃるように「市民の意識をどう変えていくか」
だと思います。そのためにはやはり、ビジョンを示していかなければならないと
いうことだと思います。2030年の富山市の姿を市長はどのように想像していらっ
しゃいますか**

富山市の産業構造は基本的には中間素材を作っているような製造業です。いく
つもの企業は海外にも顧客を持っていて、円高の問題やさまざまな要素はあるに
せよ、アップダウンしながらも基本的には安定的に経営をされていくのだろうと
思っています。従って、その多くの富山の企業が本拠地・軸足というものを富山
から動かさない。例として京都型の産業企業群、浜松市みたいな企業群などがあ
りますが、それに近い部分が富山の企業の皆さんにはあるのだろうといつも思っ

ています。これがぶれないように基礎自治体としてしっかり支えていくことが一番大事なのです。ですから、30年後においてもこうした構造が変わらないならば、一定の雇用はいつも生まれてきます。

　今も高齢者対策をいろいろと進めていますが、必ずしもそれは直接的に高齢者のことだけを考えてやっているのではありません。そうすることによって元気な高齢者が増えて、若い人にとって負担感を感じないことになるのです。そして医療費がとてつもなく高いエリアにしないことが、若い人の「富山で暮らしていこう」につながっていくと思っています。

――都市の活力を維持するにはやはり産業がしっかりしていないとダメです

　最終的に見据えているのは、30年後を担う若い人が働ける環境があり、文化性が高く、クオリティ・オブ・ライフを高めていくという可能性を感じさせる、そういうことを今後やっていくことが大事なのです。それが若い人の定着につながり、また出て行った人たちのUターンにもつながってくるのだと思います。

　ですから、産業政策から始まり生まれた赤ちゃんへの手当まで、細かな施策もいっぱい必要ですが、総合力で高めていくことが重要です。やはり見据えているのは、30年後くらいの元気で活力のある都市像だと思っています。

――振り返りますと、明治の頃、たかだか10万石の富山藩の城下町であった富山市が、人口で見ますと全国の11位にいたといいます。それはすごいことで、北前船交易や売薬といった先進的高付加価値の産業が盛んだったからだと思います。昔から富山は進取の気性を持った活気のある街だったわけです。われわれはその伝統を受け継いでいます

　そして勤勉で、農閑期になっても配置薬として出かけて行きました。それはやはり、黙って働く良い文化だったのだと思います。堅実であり華美なことにお金は遣いませんでした。

――市民の生活の質を維持していくには、市民の意識を変えていくと同時にやはり付加価値の高い産業を興していかなければいけないと思います。市長にはぜひ30年後も50年後も、富山市が輝く都市であるように頑張っていただきたいと思います

本当にそうですね。そのために今、毎日頑張っています。

──本日はお忙しい中どうもありがとうございました。

Top Interview 14　　　　　　　　　取材日：平成28（2016）年6月

顧客起点を突き詰めて、
スポーツアパレルメーカー国内トップから世界を目指す
～事業領域そのものがわれわれの強み　SPORTS FIRST（スポーツを一番に考えること）で人々の健やかで豊かな暮らしに貢献する～

株式会社 ゴールドウイン　代表取締役社長
西田　明男氏

会社情報
【東京本社】　東京都渋谷区松濤2-20-6
【本　　店】　富山県小矢部市清沢210
【設　　立】　昭和26（1951）年12月
【業務内容】　各種スポーツ用品の製造及び販売

――社長になられて16年が経ちました。就任されてからしばらくは苦しい時期があったように思いますが、その後は飛躍され立派な企業に成長されました。今振り返ってどのように感じておられますか

　先代は、昭和24（1949）年の全米水上選手権ロサンゼルス大会で古橋廣之進さんが大活躍されたことをラジオで聞いて、「敗戦国が戦勝国の選手を打ち負かした。だからこれだけ注目され、みんなが元気になっている。これからはスポーツの時代だ」と感じたようです。その後は、東京6大学の野球選手のストッキングを作って、従来のメリヤスの肌着からスポーツ用品に切り替えるなど、それぞれの分野の中で一生懸命にものづくりの研究を続け、徐々にスポーツアパレルメーカーとしての事業領域を確立していきました。

　先代のころは高度経済成長で、ものすごく景気が良かったですし、スポーツ分野も勢いがありました。バブルが崩壊してから暫くはスポーツ関連事業は成長していましたので、シューズやゴルフ事業などに事業領域を拡大しました。しかし、その後、スポーツ市場も急激に縮小し、事業多角化に社内体制が整わなかったり、事業化が思うように進まなかったりして、業績が急激に悪化しました。そうした時期に私は交代を告げられ社長を引き継いだのです。

──そういう意味では、社長になられた時期が一番つらかった

　その通りです。創業者の長男として生まれ、そして創業の地で育ち、子供のこ
ろから工場が遊び場でした。会社は今年が66期目で私が63歳になりますので、創
業して２～３年目くらいの時に生まれて、そのまま会社とともに育ってきたよう
なものです。はたからずっと会社を見てきたわけですから、ある年齢になったと
きに「後を任されるのかな」という意識はあったように思います。学生の時には
米国に留学させてもらっていましたので、自分としてはすぐに会社に入るという
思いはありませんでしたが、先代から「すぐに入ってくれ」と言われるがままに
入社しました。社長を引き継ぐ時も本当に突然のことでして、業績が芳しくない
時に「すぐに代わってくれ」と言われてこの先どうなるのか非常に不安でした。

　しかし、津沢メリヤスとして創業し、東京オリンピックを契機にスポーツ専業
に取り組んでいましたので、ものすごくいい事業領域を受け継いだと感じました。
これをしっかり守っていかなければならないし、次の世代にもしっかり引き継い
でいかなければならないと思いました。

　トップとしての私の初仕事は、自分たちの得意な分野、つまり今の専業である
スポーツアパレルにしっかりと軸足を置こうと決めたことです。そこでブランド
数もできる範囲に絞り込みながら事業再編に取り組みました。しかし、最初のう
ちはうまく回らず、会社は誰のためにどういう働きをしたら評価されるのだろう
か、本質的なところではどうしたらいいのか、社員の思いをどこにまとめていっ
たらいいのかなど結構悩みました。環境が急激に変わりだした時に、今までと同
じようなことをしていていいのだろうか、自分たちがまいた種がうまく育つには
どうしたらいいのだろうかと考えました。そこで、お客さまに対してどういう商
品やサービスを提供していけばいいのかといった顧客起点に行き着きました。そ
こを切り替えたのが非常にうまく回り出したと言いますか、５年ぐらいしてから
少しずつその兆しが見え始め、この10年ぐらいでその仕組みがほぼ回るように
なってきたのではないかと思っています。

**──なるほど、それが最近の業績の変化に表れてきているのですね。利益率を見
ますとかなり高くなってきていますが、どういった変化があったのでしょうか**

　他社は先行して海外へ出て大きくなりましたが、私どもにはそういった力があ

りませんでした。しかし、国内市場の中で踏ん張り続けているうちに気が付いたら大きな成果が出るようになっていたのです。つまり、海外の可能性がなかなか取り込めなかったものですから、国内でどうやって強さを発揮していくかを考えていくうちに、直接お店を出したり、他社が1本に絞り込んでいるところを多くのブランドに分散させたりしていったのです。つまり、わが社の「自主管理売場の強化」と「マルチブランド」という二つの方向性が結構な強みを発揮してきたというわけです。

――具体的にはどういうことですか

　例えば、専門店や大型小売店、その前にさかのぼって代理店などを通して商品が流れますから、実際に売場の状況についての把握が不十分でした。売場には他社のブランドも並んでいますし、お取引先には「これが人気あるそうだから、今はこれを出そう」とか「次はこれだ」といった考えがあるわけです。わが社が「こういうふうにやりたい」と思いながらも、お取引先の考え方もあって、必ずしも売場でブランド表現ができていませんでした。さらに、わが社はものづくりに対してかなりこだわっておりますが、宣伝に関しては非常に弱い会社です。ものは負けてはいませんが、そうしたところに投資ができないので、なかなかお客さまにこちらの思いが伝わりません。この3月の決算でも「自主管理売場」と表現していますが、わが社が直接的に売場を運営しているところの売上高が全体の52%を占めるようになりました。それだけ、先が良く見えるようになってきたということです。

――メーカーが小売りを始めますと、通常は小売業界の反発が大きいと思いますが

　卸売りが主体のころ、百貨店や専門店、そして代理店などは「ゴールドウインの新社長は店を出して自分で直接売っている」と批判的でした。しかし、明治通りのザ・ノース・フェイスの店舗が軌道に乗ってくると、「ゴールドウインの店はうまくいっているらしい」といった評判が立ち、一部の専門店からは「うちの売場にもそういうものを作ってほしい」と言われるようになりました。店舗は定期的にリニューアルし、新しいイメージを提供しようと手を加えています。平成16（2004）年の改装に続き平成22（2010）年の2回目では周囲の状況が、がら

りと変わりました。それまで批判的だったお取引先が原宿店のレセプションに訪れて「おめでとう」と言ってくれたのです。さらに「次はどういう店づくりをするのですか」「どういう商品の見せ方をするのですか」といった展望まで質問されました。この時、過去10年かけて取り組んできたお客さまに対する接し方が間違ってはいなかったのだと確信しました。おかげさまで今年の3月には直営の店舗数が131にもなりました。ずっと積み重ねてきたものが着実に成果を上げ、自分たちの本当にやりたいことができ始めたというのが実感です。

——自主管理売場の売上構成比が52％ということですけれど、戦略的にはどれくらいまで持っていかれる予定ですか

われわれが直接出店する直営店だけでなく、最近では卸先の売場を、われわれに運営を任せていただける店舗が増えてきました。当社の直営店で培ったノウハウをお客さまにご提供して、売り上げを上げながらお客さまの在庫リスクを減らすという取り組みを行っています。この取り組みは、当社の在庫が増えることを意味しますが、シーズン中での機動的な在庫の管理を徹底して、自主管理売場が拡大しても在庫が拡大しないような運営ができるようになってきました。

——アパレルは売り切ることができれば本当に利益が出る業種です。新しい中期経営計画では5年後の売上目標が800億円（ROE11.2％）になっています。そうしますと、自主管理売場は6〜7割くらいの構成比をターゲットにしなければいけません

そうですね、直営店を増やすだけではなく、お取引先との自主管理売場の取り組みが進めば、自ずと比率は上がってくると思います。

——前回の東京五輪では16個の金メダルのうち12個は御社のウエアを身に着けて獲得されたと聞いています。4年後の東京五輪についてはどのようなお気持ちで取り組んでおられますか

昭和39（1964）年の東京五輪はゴールドウインが飛躍する大きなきっかけになったと思っています。日本の選手をサポートし、スポーツの業界で「スポーツアパレルにゴールドウインあり」という形で知られるようになり、それがその後

Top Interview 14　株式会社 ゴールドウイン　西田 明男氏　111

の商売の拡大につながったと考えています。そういう意味では2回目の東京五輪
は、国内でそれなりの力を発揮しているゴールドウインが今度こそ海外でしっか
りと認知される機会になればと思っています。

　前回の東京五輪の際にも小矢部の工場の外壁に、「世界を制覇するゴールドウ
イン」と大きな文字が刻まれていました。そして五輪の後に海外へ出て行き、向
こうからブランドを持ってきて、「エレッセ」「ザ・ノース・フェイス」そして3
月で廃止した「チャンピオン」などの海外ブランドを揃えて力を出していきまし
た。しかし、そういう有名ブランドを展開しているがために一生懸命に自分たち
で商品開発をするのですが、それらを日本国外で販売する権利が私どもにはあり
ません。従いまして、国内専業のような形での製販体制にならざるを得ませんで
した。ですから、次の東京五輪を一つのチャンスとして捉え、今度こそ自分らの
ブランドで外へ出ていこうと考えています。

**――今はまさしく「世界のゴールドウイン」となるべく準備をなさっているわけ
ですね。そのためのブランディング戦略はどのように計画なさっていますか**

　タイミングよく明治神宮外苑前の新しい国立競技場の入口付近にビルを借りま
して、そこに「ニュートラルワークス」というアスレチック新業態の直販店を出
しました。それを世界に向けた広告塔の一つに位置付けて準備を進めていると
ころです。

　自社ブランドでは、もちろんゴールドウインのスキーウエアなど一部を海外
で販売を行っておりますが、まだ十分に思うような力を出せていません。今では
海外から2000万人以上のインバウンド客がやってくるようになり、その一部が
わが社の「ザ・ノース・フェイス」「ヘリーハンセン」などの店を訪れています。
もちろん彼らも同じブランドの商品を向こうで見ているわけですから、「日本の
ザ・ノース・フェイスには、こんなものがあったのか」とか「これは米国では見
たことがないぞ」と店頭で言っているのをよく見かけます。実は原宿のザ・ノー
ス・フェイスで買う人の2割近くが海外客です。従って、「ニュートラルワーク
ス」においても、国内にいながらゴールドウインの製品や店舗を多くの外国人に
知っていただけると思います。また、当社が国内で積上げた実績をもとに、将来
的にはニューヨークやロンドンでも展開したいと思っています。

——ナイキやアディダスの２強が先頭を走っています。これらの巨人とどのように戦っていこうとお考えですか

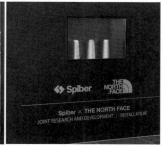

同じ競争をしていたら絶対にかなわないと思います。相手は３兆円を売り上げる大企業ですから、私どものような数百億円レベルでは話になりません。ですから、お客さまにとって本当になくてはならない、そういうブランドにどうやって育っていくかだと思っています。確かに売り上げでは圧倒的にかなわないかもしれませんが、その人個人にとって「やっぱり、これがいい」と言ってもらえることが大事だと思うのです。例えばお客さまが川田さんなら、川田さんのためのウエアを提供するとなれば他のお客さまとは全く違うものになるかもしれません。

わが社の販売スタッフはアルバイトを含めて1200人くらいおります。彼らは日々トレーニングを積んでいますが、今年１月に開催された日本ショッピングセンター協会主催の「SC接客ロールプレイングコンテスト全国大会」では、私どもの社員が全国で１位になりました。彼の接客シーンを私もビデオで見ましたが、例えばネクタイを勧める時に「このネクタイはこのジャケットに合いますよ」ではダメだと言うのです。「このネクタイは、顔が若々しく見えますよ」とか「元気に見えますよ」とか、個人と結び付けないといけないのです。つまり、着ている物と合うかどうかなんて、それは別にあなたじゃなくても同じジャケットを着ている人が他にもいるでしょう、ということです。だから、個人に対して満足度みたいなものを徹底的に高めていく方法が最もいいのです。とにかく、お客さまから「俺はこれが良いな」と選んでいただける商品開発と、情報提供が重要です。

——最近の消費はモノからコトへと言われていますが、お客さまが喜びを感じるのはマスマーケットよりもナノマーケットという細分化されたところで「今だけ、ここだけ、私だけ」みたいなものです。そういう意味では御社は生産から販売まで一貫してやっておられるのは一つの強みだと思います

それが私どもの一番の特徴です。昨年９月に、人工クモ糸で知られる山形県の

Spiber（スパイバー）社に出資いたしました。昔から靴下を作る際に先代がよく言っていたのですが、北欧のノルウェーに素晴らしい登山用のソックスがあって、それを目指して日本でも同じように作ってみるのですが、糸が切れたり、すぐに穴が開いてしまったりとなかなか同じ品質にならなかったのです。そこでどうすれば向こうに負けないようなソックスが作れるのだろうかと糸の研究をしました。そこでわかったのは、北欧の寒い地方の羊毛を使わなければダメだということでした。それで当時は原糸メーカーに「こんな糸を引いてくれないか」と日参していたということです。

　まさに今回、わが社がSpiber（スパイバー）社と新しい糸や商品を開発するというのはそこにつながるところがあります。もちろん今までも合繊メーカーといろんな素材開発に努めてきましたが、開発したものはある一定期間は独占的に使用できますが、その後は誰でもが使えるようになります。今回のスパイバーとの取り組みは、スポーツアパレルについては、独占的に当社が開発販売できることが、注目を集めているのです。

――一貫生産による強みに加え、糸から作りたいという先代の思いをうまく実現されたということですね。是非「花形商品」に育ててください。一方、アパレルはデザイン力が重要だと思いますが、業界の人に聞きますと「日本はデザイン力が弱い」と言われます

　それほど卑下する必要はありません。日本の開発力やデザイン力は決して負けていないと私は思っています。それも確かに著名なデザイナーにお願いすればそれほど手っ取り早いことはないかもしれません。しかし、それはそれなりにコストのかかることです。私どもは自分たちでどうやってそういうことをやり遂げることができるのかを考えます。それこそがゴールドウインらしい挑戦の仕方だと思うのです。

　わが社は「ザ・ノース・フェイス」や「エレッセ」などのインターナショナルブランドで国内ビジネスを行っています。ただし、商品のほとんどはわが社が独自で開発したものです。ですから今まではそれを海外に持っていけないというジレンマがありました。そのものづくりや商品開発力については既に世界レベルに達していると思っていますから、どうやって世界で通用する形に持っていくか、

それは私どものやり方で達成できるのではないかと思っています。そういう意味では外へ出ていく新しい形のアスレチックブランドとして自社ブランドである「ゴールドウイン」「C3fit」に加えて、先ほど申しました「ニュートラルワークス」などを強化していきたいと考えています。

国内メーカーではアシックスがスポーツ用品業界で最も早く「オニツカタイガー」として海外展開をされ、ネットワークを構築されました。創業者の鬼塚喜八郎さんとは先代がとても仲良くさせていただいて、海外に出ていくことの難しさ大変さをお聞きしていました。わが社も海外でのネットワークを築いて、こちらのブランドを担いでくれる人たちを探さなければなりません。

そのためにも、Spiber（スパイバー）社と共同開発して画期的な次世代商品をゴールドウインが作り出すことで、両社の認知度は上がるでしょうし、魅力的に映るのではないかと思っています。

——富山で創業して今も富山の地でものを作っていただいているわけですが、富山のものづくりの良いところとはどういうところだとお考えですか。また、これからも創業の地でものづくりを続けて行くことになりますか

富山のものづくりの良いところは、まさに県民性ではないでしょうか。ものすごく忍耐強くて、一つのことに集中して取り組むという姿勢は本当にすごいと感じます。もちろん、北陸３県には繊維産地という共通の土壌があったわけですから、３県の業界が相互に連携を取りながら発展してきたのがよかったのだと思います。

それともう一つ、それこそ今は地方創生がテーマになっておりますが、小矢部には若い人たちがいろいろな地域から研究開発のために集まって来ています。社内で一番のベテランで広告塔になっているのが地元出身で商品開発担当の沼田喜四司さんです。彼は現代の名工の技術者で、ラグビーのユニフォームなど多くの製品を開発しています。そうしたものづくりの様子を見て、私もやってみたいと才能を持った人たちが多方面から集まって来るのです。

——最近はIoTがブームとなっています。やはりそういった研究にも取り組んでおられるのですか

既に一部で商品化しています。NTTドコモと共同で開発した商品は、ウエアに心拍数の取得が可能な機能性素材を使い、そこに発信器を付けて時計やスマートフォンで自分の心拍数が分かるようになっています。例えば走っている時でも自分の心拍数がわかるというものです。現在、開発の最終段階に入っていますが、ラグビー選手向けの特別なユニフォームを作っています。ウエアにセンサーが組み込まれて、選手の生体情報をリアルタイムで把握し、それをフィールドの外にいながら選手15人の状態をパソコンで見ることができるのです。実際に宇宙飛行士も同じシステムで動きを把握されているわけですから、今後いろんな場面で使われていくと思います。

——冒頭で社長がおっしゃられたように、スポーツという素晴らしい分野に目を付けられたということは、今考えますと本当にすごいことだと思います。特に事業領域そのものが御社の強みです。最後にスポーツに対する社長の思いをお聞かせください

　わが社には「SPORTS　FIRST」というタグラインがあります。この「スポーツを一番に考え、スポーツから発想して、スポーツで世の中に貢献する」ということを社員に言っておりますと、全員がこれに共感してくれます。必ずしもスポーツクラブの出身者や体育会系の人ばかりではありませんが、やはり健康で楽しく生きようと思った時に、スポーツというのは不可欠な要素になってきています。今これだけ高齢化が進んでいる時に、いくら長寿であっても体が弱くて寝たきりだとかベッドの上でずっと過ごすというのは、それこそ自分も周囲も本当に大変です。今もテレビCMに出ておられます三浦雄一郎さんのように一生懸命歩いているようなスタイルを含めて、いろいろな形で提案したり、そういう機会をわが社で提案できたりしたら本当にうれしいです。

　そういう意味では、先進国の中で日本が最も高齢化が進んでいるように思いますので、2020年の東京五輪では日本が健康で豊かで安全な国だということを世界に対して示せたらいいのではないかと考えています。

——本日はお忙しい中どうもありがとうございました。

Top Interview 15   取材日：平成28（2016）年12月

最良の職場環境とヒトづくりが
世界シェアトップ製品を生む
～自前主義にこだわり、高付加価値のオリジナル製品を提供する～

福井鋲螺（びょうら）株式会社　代表取締役社長
打本　幸雄 氏

会社情報
【本　　社】福井県あわら市山十楽1-7
【創　　業】昭和34（1959）年11月
【設　　立】昭和38（1963）年2月
【業務内容】特殊形状の精密鍛造パーツ及びファスニング製品と省力機器の製造・販売

——御社の社史を見ますと、創業者である先代社長は、少年時代から独立したいと思いながら働いておられたようです。昔はそういう人が多かったですね。例えばYKKの吉田さんや、三協アルミの竹平さんにしても、若いころから「自分の会社を作りたい」という気概をお持ちでした。御社の先代も技術志向といいますか、「オンリーワンの製品を作ろう」といった気持ちで取り組んでおられました

　そうですね。その思いが今もずっと続いているということです。特にオリジナルな製品を作る場合には、その道具や機械なども自分たちで工夫して作らないといけません。他社と同じ機械を使いますと、同じレベルの製品ができるだけです。特殊な製品を作ろうと思えば機械からオリジナルに内製化をする必要があります。

——言うだけなら簡単なことですが、実行するとなれば結構大変ではありませんか

　確かに大変です。今でもわが社は、機械や金型の設計を含めて製品化する部門をすべて抱えていますが、固定費がかなり重くなっています。普通ならばこういう部門はすべてカットした上で仕入れにして変動費化すれば、売り上げに応じての費用になるので経営がしやすくなるはずです。しかし、わが社はそれを経営が厳しい時期でもずっと固定費で対応しています。それがいいのかどうかは経営者の考え方によります。わが社はそれをやってでも独創的な製品を作ろうという方

117

針を貫いています。そこがわが社の使命だと感じていますので、機械と金型など を外部から調達して他社と同じような製品を安く作ろうとは思いません。やって いて面白く感じませんし、そこから高付加価値の製品は生まれにくいと思います。

——開発型企業として生き残っていくのはなかなか難しいことです。成功する開発を続けてこられた秘訣はどこにありますか

　それはやはり、製造・販売・技術のバランスではないでしょうか。何を開発するかという情報を取ってくるのは営業マンです。彼らに開発していこうという高い目的意識がないと市場から情報を取ってくることができません。仮に「今あるものを売るだけでいい」という気持ちしかなかったら新しい情報は入ってこないですし、彼らにプレゼンテーション能力がなかったら、お客さまも「なるほどそうか」といった気づきがありません。お客さまの関心をこちらに向けて新しい情報を引き出すことが営業マンの重要な役割です。

　持ち込まれる情報は、ほとんどがお客さまの困りごとですから、かなり難しい案件です。しかし、営業マンはそれを「できない」とは絶対に言いません。前向きな姿勢で「考えてきます」と答えてきます。価格を安くすれば注文を取るのは簡単ですが、営業マンは付加価値の高い仕事を自ら汗をかいて探してくるという志がないといけません。「社屋が一流なのだから、君たちも一流でなくてはいけないよ」とか「君たちは一流なのだから、一流のことができなければいけないよ」と教えれば、彼らも「そうですね」と一生懸命に取り組みます。そういう社風や環境を作ってしまえば、前向きな姿勢が自然と身体の芯まで染み込んでいくものです。

——そうすると社員のモチベーションを上げるために、この本社建物も米国の邸宅のような洒落たデザインにされたのですか

　それもありますが、やはりお客さまが来社されることをイメージしてデザインしてあります。築10年になりますが、これが建つまでは普通のありきたりの社屋でした。ここから少し離れた細呂木地区に工場がありまして、以前はそこに本社建物が併設されていたのです。実は工場も洋風にしつらえてありまして、中でも加賀工場が最もデザイン性に優れています。これは小学生や中学生の皆さんがわ

が社の生産現場を見学することをイメージしています。若い人たちに製造業というものをもう少し見直してほしいですね。今の人たちはITなどといったデスクワークばかりに目が向いていますので、「ものづくりもいいな」と少しでも感じてもらえたらと考えています。

　きれいな工場にしますと生産性や品質がぐんと良くなります。仕事の基本は人ですから、働いている人が気分よく、気持ちよく、楽しく、そういう職場環境にしないといい仕事はできないと思っています。

――やはり営業マンの感度が良くないと、お客さまからいろんな情報が入ってこないと思います。ストレートに困りごとを言ってくれる場合もあれば、なかなか言ってもらえない場合もありますから、先取りして吸い上げてくる必要があります

　そうです。お客さまから情報が引き出せるような話し方ができるかどうかですね。そのためには「福井鋲螺では何ができるか」ということをお客さまに正確に伝える必要がありますので、営業マンが持ち歩く道具にもこだわっています。最近はセールス用にi-Padのような先端情報機器が必需品になっていますので、そこにわが社の製品づくりを３Ｄ化したコンテンツを入れ、初めて画像を見たお客さまでもすぐに理解できるようにしています。それを見て「なるほど、こんなふうにしてできるのか。それなら、うちのこれもできるかもしれないね」というような会話に持っていけばいいのです。ですから、営業用コンテンツの制作にかなり力を入れています。その技術力はおそらくプロ並みだと思っていますが、これらも外部に依存せずに自分たちで作り上げています。

――そのような専門技術を持った社員を中途で採用されたのでしょうか。それとも自社で育成されたのでしょうか

　10年くらいかけて育てました。その中で最も活躍したのが外国人のインターン生です。この制度は10年以上も前から導入していますが、毎年米国やカナダなどから３～５人がこちらに来て仕事をしています。各国トップレベルの大学から採用していますので本当に優秀です。

　普通ならこういう田舎を嫌がり、東京や大阪などの大都会に行きたがります。そこで彼らを惹きつけるために、加賀市大聖寺に外国人専用の社員寮を建てまし

た。外観は米国の設計事務所に依頼し、個室はアメリカンサイズで10室ほどありますが、リビングルームやベッドルームなどがあり私も住みたくなるくらいの豪華な施設です。彼らも喜んでいますし、日本国内にいる友人たちが休日に東京や大阪から集まり、広いスペースでわいわい遊んでいるようです。

——なるほど、それはすごいですね。今ならネットで情報交換をしているのだと思いますが、今までどれくらいの外国人が巣立ったのでしょうか

　毎年３～５人で10年くらい続いていますので、卒業生は累計で40人程度でしょうか。やはり彼らはずっとネットでつながっていまして、わが社の事務局がそのサイトを運営しています。例えば、わが社が米国で展示会を催す際に「近くにインターン生はいませんか」と問いかけますと、過去のインターン生から「Ａ君がいるよ」と返答が来るのです。そこで「ちょっと応援に来てほしい」と呼びかけますと、Ａ君が「お久しぶりです」と喜んで手伝いにやってきます。本当に嬉しいですよね。彼らが日本に遊びに来た時には、わざわざ福井に寄ってくれますし、「遊びに来ました」「結婚しました」「子供ができました」などと報告してくれます。そうしたつながりが長く続いていますので、これはまさにわが社の財産だと思っています。

——御社は海外進出が結構早かったように思いますが、今はどのような展開をされていますか

　業界では早かったと思いますが、最初に出たのが中国で、次がシンガポールになります。中国への進出は約20年前でしたが、商慣習に馴染めず北京五輪の際に撤退をしました。コストアップという要因があり、引き合いも低価格の案件ばかりで魅力がありませんでした。仕事の量はほどほどありましたが、安いばかりで面白さがなく、集金などでも苦労しました。

　今は香港に販売拠点だけ置いて従来品を今までどおりそこから流していますが、わが社はどちらかと言えば高級品を狙っていますので、一般品が多い中国の市場には期待をしていません。

——そうですか。しかし一方で人工衛星も打ち上げるような大国ですから、御社のような最高級の部品を必要とするお客さまがたくさんいらっしゃるような気がします

　今の取引では自動車関係が一番多くなっています。これは自動車メーカーの現地工場へ直接販売するのではなく、納入先は中国に進出している国内の大手自動車部品メーカーです。

　他の海外展開としてはタイに生産拠点があります。円高が長く続いたころに要請があって出たわけですが、やはり日本から製品を送りたいですから最低限の規模にしました。その後にアベノミクスで円安が進み、今では大きくしないでよかったと思っています。

——そういう意味では、今後も生産の本拠地は日本国内になるのでしょうか

　もちろんです。そして、ターゲットにしているマーケットは米国と欧州になります。特に欧州は優秀な自動車産業が多いので仕事がどんどん増えています。TPPがどうなるかわからない米国よりも今は欧州を重視しています。海外販売の比率につきましては国内で納めた製品が海外へ持ち出されるケースが多いですから、明確ではありませんが全体の3割程度と見ています。今は為替相場が1ドル110円台と居心地のいい水準にありますので非常にありがたいです。

──社長に就任されて30年が経ちました。「企業は30年がひとサイクル」と申しますが、この30年を振り返られてどのような感想をお持ちですか

　ものすごく厳しかったのは、やはりリーマン・ショックでしょうか。日本や世界全体が大きく変わり、わが社も大きな影響を受けました。

　為替相場が円高に突入しまして、主力だった電子部品関係が軒並みダウンしました。デジタル技術の進展で日本が開発した電機製品が壊滅状態となり、市場の中心が海外製品に置き換わりました。しかし、わが社はリストラをしませんでした。何とか踏ん張り続け、この４〜５年で自動車関連に転換したことからいい道筋ができています。やはり、技術やノウハウは社員が持っているわけですから、彼らを大事にしていかなければなりません。リーマン・ショックのような苦しい時に人員をカットすれば経営は楽になりますが、そうすると未来がなくなってしまいます。そこでわが社は、社員が持っているノウハウを他の分野で生かそうと全社一丸となって自動車関連に入り込んでいったのです。これも彼らが社内にいてくれたおかげです。

　目先の数字だけを見て100人ほど削減すればすぐに黒字になります。ややもするとフラフラとその方向に行きたくなりますが、それをやりますと会社はその先がなくなります。縮小を続けてはいけないわけで、経営者はそこを耐えていかに彼らの力を引き出すか、そしていかにリーダーシップを執って進めていくかということでしょう。それが私の仕事なのです。

　今の経営のやり方というのはお金がメインになっていて、人の心というものを見ていないように思います。米国的な合理主義や拝金主義はあまり好きではありません。やはり人が先に来るべきで、そこの上に経営というか数字を合わせていくものだと思っています。

──本当にそうですよね。特に御社のようにオリジナリティを追求していくメーカーでは、やはり人材が一番大切です。長期的に雇用が安定していないと、その人たちが自分の能力を高めるために投資しようと思いません

　そのとおり、雇用が不安定ですと自分に投資なんてできません。わが社は基本的に人数を増やさない方針ですから、事業を伸ばすとなれば社員一人一人のレベルを上げていく必要があります。そういう面では社内の教育制度は充実してい

ますよ。70〜80科目のカリキュラムがあって社員が自由意思で参画し、楽しく受講できるようになっています。講師のほとんどが社員で私も講座を持っています。スタートして6年ほど経ちますが、人気講座はずっと続いています。受講者数が延べ9000人ほどですから年平均で1500人。従業員が500人あまりいますから、各自3つの講座に参加している計算になります。

——今後変えていくところと残していくところがあると思いますが、まず変えていくところを教えてください

　それは、作っていくものが時代に合わせて変化することです。それに対して果敢に挑戦しなくてはいけません。今は自動車関連に大幅にシフトしていますが、その前は小さな電子部品が多かったのです。それを切り替える際、社内には「こんな大きなものを作ってどうするのですか」といった違和感や抵抗がありました。しかし、現実として従来の小さな部品は根本的に不要になりつつあるわけですから、生産現場にいる社員たちには分かりません。数十年前から作っていた製品には愛着がありますので、それが今後もずっと続くだろうという錯覚に陥ってしまうのです。そうした断ち切れない思いをしっかり変えていく勇気とリーダーシップが非常に大事だと思いますね。

　中国や韓国が台頭し始めたころには、「脱電子部品」が私の頭の中にありました。その時は、「彼らと戦うのに同じ土俵にいてはまずい」「日本でやるものは高級でなければいけない」「やはり作るのが難しく付加価値の高いものを狙うべきだ」と思いましたし、とにかく普通のメーカーではなく、超高級のものづくりができるメーカーに変身しようと考えました。技術的には自信はありましたが、それを見ただけでは欧米のお客さまは分かりません。しかし、桐の箱のように綺麗な容器に入れて納めますと、「これは素晴らしいですね」と高く評価されます。桐の箱に入れて製品を出すのと段ボールの箱に入れて出すのとでは天と地の差があります。自分の製品に自信があるのでしたら、それに見合った容器に入れてお客さまに訴えることです。やはり、日本人はプレゼンテーションが苦手です。いいものさえ作っていれば自然に売れるだろうという考えは国内だけで通用するローカルな価値観です。

——では、会社として変えてはいけないところを教えてください

　変えてはいけないのは、やはりマインドです。社風はもちろん、ものづくりに
対するこだわりといったようなところです。わが社では「鋲螺イズム」がありま
して、「社員である以上は価値観を共有しましょう」という精神を持ち続けてい
ます。具体的に言いますと、私自身が日常的に思っていることをずっと書き綴っ
たものです。論語みたいな部分もありますが、「足るを知る」とか「酒の飲み方」
とか、さらに「鋲螺マンとしてこう考えてほしい」とか「仕事とはこう考えてほ
しい」とか、「仕事をやっていることそのものが世の中で役に立っているんだよ」
というようなことをできるだけ分かりやすくまとめてあります。若い世代との
ギャップについても書いています。「昔は良かったと言うな。それを感じた時は
自分が古くなったと思え」ということです。世の中は変わっていくわけですから、
今は若い人たちの価値観が正しいと思わなければいけません。

——現在の日本経済の問題点として、なかなか前向きの設備投資が進まないこと
があります。しかし、御社はかなり積極的に投資をしておられます

　わが社はどんどん設備投資をやっています。今も大きな工場を建てている最中
です。

　日本の企業全体を見ていますと設備投資はかなりやっていると思いますが、投
資先のほとんどが海外です。やはり、日本国内で投資しやすくする政策が必要で
す。例えば、海外の工場の2割でも3割でも日本へ持ってきたら法人税が減税さ
れるといった措置が良いと思います。そうしますと、日本国内での生産量が増え
て投資も増え、さらに雇用が増えます。今までの流れを大きく変えるような政策
に期待したいです。

　それと、もう一つ。トランプ米大統領が「外国に工場を造らずにこっちへ持っ
てこい」と言っています。そうした考え方も大事だと思います。先ほども言いま
したように、「とにかく利益が上がるなら解雇しても海外シフトしても何をして
もいい」というようなことを多くの米国企業がしていました。そうではなくて、
経営者として自分の国に少しでも還元できるような、自分の国が豊かになるよう
な、「ちょっと苦しいけれど我慢してここでやろうか」という気持ちも欲しいと
思うのです。それは日本的な義理と人情の経営なのでしょうけれど、経営者とし

て日本を愛する気持ちを少しでも持って欲しいと思いますね。

——御社は「冷間鍛造」を強みとしておられますが、今後３Ｄプリンタのような画期的な製造方法が出てきた時には、どのような競合と対策をお考えですか

　画期的なものとは予測不能なものなので、それに対する対策は考えようがありません。ただ鍛造工法は「切る、打つ、曲げる」などの極めて基本的な工法の一つなので、決して消滅するものではないと確信しています。また、競合と言いますと、現在の部品加工の主な工法としては、切削加工法と私どもの鍛造工法だと思います。それぞれに長所短所がありますので、互いの工法が切磋琢磨していくことになると思います。

——御社の生き方は中小企業のお手本の一つだと思います。やはりこれからは下請け的な体質や思考から脱却して、御社のようにオンリーワンのものづくり企業を目指していかなければいけないと思いますが、そのためにはどうすればよいかアドバイスをお願いします

　どういう職業でも何か一つ得意技をお持ちでしたら、それを念頭に置いて営業をやってみることではないでしょうか。新規の見込み先をいろいろ回ってみますと、「もう少し何とかすれば買ってくれそうだな」という気づきが出てくると思います。ですから、私もお客さまを訪ねてセールスをしますけれど、できるだけ営業マンには感性を磨く機会を与えたり、必要なツールをたくさん作ってあげたりしています。その中で、お客さまからクレームをもらったり、褒められたりしながら少しずつ成長していくものです。仕事というのは、お客さまから教わりながらやり遂げていくものだと思っています。

——働きやすい環境は社員のプライドにつながります。「自分はこういうところで働いているんだ」という自信につながっているのではないでしょうか

　そうですね、そうなっていると思いますが、直に社員から聞いたことがありません。ただ、時々飲食店などに入ると周りの人から「鋲螺さんですか」と聞かれ、「うん、鋲螺だよ」と答えますと、「うちの子供も入れるといいんだけどね」と言われた時には頬が緩みますね。地域の人たちから「自分の子供を入れたい会社」

と思われるのは社長冥利に尽きます。経営者にとって何よりの嬉しい言葉です。

――今後の戦略として、どのような会社を目指して進もうと考えておられますか

　基本はやはり、社員が喜ぶ会社にしていきたいなと思っています。ただ甘やかすというか、ただ給料だけ高ければ良いというものではなく、仕事一つ一つにやりがいを感じ、何かしら生き生きと仕事に打ち込めるような会社にしていきたいですね。そうすることで、少しずつ仲間が増えていけばいいなと思っています。私は売り上げを何百億円に持っていこうといった目標など持っていません。毎日社員と楽しくやっていければそれでいいなと考えています。

――本日はお忙しい中どうもありがとうございました。

Top Interview 16　　　　　　　　取材日：平成29（2017）年3月

経皮吸収剤の世界トップランナーとして
あらゆる薬を効率的に皮膚から通す
～切れ目なく新薬を投入するために、失敗を恐れず研究開発に没頭する～

リードケミカル株式会社　代表取締役会長
森　政雄 氏

会社情報
【本　　社】 富山県富山市日俣77-3
【設　　立】 昭和44（1969）年6月
【業務内容】 医薬品の製造販売

――御社の歴史を振り返りますと、創業者である会長は第二次世界大戦によってそれまでの生活環境がガラリと変わられました。ずっと裕福なご家庭で過ごしてこられましたが、空襲や戦後の改革などにより一転して経済的に苦しくなられたようです。そういう時の体験というのは、会社を興される時の糧になったのではないでしょうか

　終戦直前の8月1日から2日にかけて「富山大空襲」がありました。当時、わが家では貸家を12軒も持っていまして、自宅もその中に構えていたのですが、空襲で全部燃えてしまいました。空襲前の3月3日には父親を亡くしておりますので、大空襲によってわが家の収入はすべて途絶えてしまったのです。しかし、父親が2～3年くらいは食べていけるだけの資金を残しておいてくれましたので、それを元手に何とか私も学校を出ることができました。

　それ以降は、どのような貧困になろうともやっていける自信がありました。大空襲ですべてを失い、そして終戦日を迎えたわけですから、そうした経験によって乏しい中でも生きていく術がわかるようになったと思います。

――大学は戦後の第一期生として卒業されたとのことですが、なぜ薬学部を目指されたのですか

富山大学薬学部の第一期生として、昭和24（1949）年に入学して昭和28（1953）年に卒業しました。終戦の時、私は富山中学の３年生でした。旧制高校は出ていませんので、富山中学から南部高校に変わって、そこから薬学部に入ったことになります。当時私は東京の法政大学と立教大学に合格していたのです。その昭和24（1949）年というのは、富山大学が新設されるらしいという不確かな情報が飛び交っていた時分でした。すると３カ月ほど遅れて設立されることになり、７月に入学をしました。富山大学を出た方がさほど経費がかからないだろうと思い、さらに著名な学術となれば「薬学」しかないだろうと考え薬学部に進んだのです。

——若いころから文武両道を目指し、柔道や空手などに励みながら、哲学や歴史など幅広く勉強されたとお聞きします。愛読書としてレーニンの本をよく読まれたそうですが、そうした中から人生の教訓として役立ったところはありますか

実は勉強らしい勉強はほとんどしていないのです。富山中学１年生の時から柔道部に入りまして、大学時代には２段になりました。それと並行して、終戦の時から空手をやり出しまして、今では７段になっています。結局、武道に勤しんでよかったことは、体力的な無理にも耐えられたということ、さらに精神面では絶対に負けないという自信が養えたということでしょう。哲学ではレーニンの「国家と革命」などをよく読みました。終戦直後はとても思想が曖昧な時期でした。共産主義的な思想が流行ってきていましたので、その時にそうした本を読んでいました。そこから得た教訓は、「やはり改革をやっていかなければ、世の中は進歩しないものなのだ」ということです。

——大学の薬学部を卒業されてから39歳で独立されるまでは会社勤めをされておられました。その間の製薬との関わりを教えてください

大学の教養部時代は柔道と空手に熱中しましたが、専門の薬学部に移ってからは講義と実験に明け暮れました。その時は、中沖豊前富山県知事のお父さんである中沖太七郎先生の下で勉強をさせてもらい、化学構造式決定のテクニックを学びました。先生には厳しいながらも目をかけてもらい、ご自宅へも遊びに行っていました。私が富山県薬業連合会の役員になった際には、息子さんである中沖豊前知事に薬業振興の面で多大なご協力をいただきました。

昭和28（1953）年に大学を出て最初の半年間は金属関係の会社に勤めていましたが、後に富山大学薬学部長や富山医科薬科大学長を歴任された山崎高應先生に誘われて研究室に入り直しました。当時は咳止めの薬剤を合成する会社を設立しようという話がありまして、その合成研究が成功した際にはその会社に技術者として入ることになっていました。研究室ではメチルエフェドリンの合成研究を始めて2カ月ほどで採算がとれるレベルになりましたので、医薬品原料を製造する立山化成株式会社が小杉町（現射水市）に設立され、そこに籍を置くことになりました。最初はなかなか製品が売れずに大変でしたが、創業1年で経営のトップが東亜薬品㈱の先代社長、中井憲太郎さんに代わりましたら経営が安定してきました。

――経皮吸収のヒントになったのは、昭和30年代の農薬パラチオン事件だったとお聞きしています。撒いた農薬が人の口からではなく足の皮膚から入り中毒症状を誘発しました。では、貼り薬と関わりを持つようになった経緯について教えてください

　立山化成株式会社の経営が軌道に乗りだした昭和31（1956）年7月、私の先輩が勤めていた関係から、今度は同じ小杉町にある貼り薬メーカー、株式会社東京広栄堂からお誘いがありました。それが貼り薬屋になる原点といえます。その会社に入りますと、くっつくのかくっつかないのか、わけの分からないような製品を作っていました。ですから、出荷した分だけ返品されてくるありさまで、製品を見ましたら基材であるゴムがベタベタに変質していたのです。そこでゴムの合成工場に出向くなどして、一度身体に貼ったら24時間以上取れないものをどうやって作るかという研究から始めました。そして、ただ貼っただけでスッとする刺激とか、温かい感じがするというだけでは意味がないのではないかと思いました。それよりも、皮膚から薬物が入って疾患部にどれだけ入っていくのか、その疾患部の濃度を経口投与よりも高めなければダメだと思いました。そういうことでやり出したことが「経皮吸収」という言葉になっていったわけです。その会社では初めから技術屋のトップみたいな立場でやらせてもらいました。しかし、その会社は九州に別会社を作って経営が立ちいかなくなり、39歳目前の昭和44（1969）年に独立へと動き出したのです。

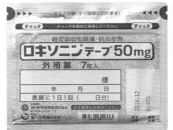
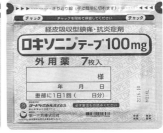

——その独立される際に、同業の皆さんからいろいろなサポートがあったようですが、具体的にどのようなサポートを受けられたのでしょうか

　そうですね。私が「独立したい」と言いましたら、「それなら喜んで援助しますよ」と先ほどの中井憲太郎さんが申し出てくださいました。さらに、松井薬品㈱社長だった松井伊兵衛さん、富山市長だった富川保太郎さんからもお声掛けをいただきまして、何とか会社の設立に漕ぎつけることができました。

　独立を決意したのは、まず前の会社が物足りなかったということがあります。そして、当時は皮膚から薬物を入れるという技術が認知されておらず、「経皮吸収」という言葉も一般に使われていませんでした。これは私が言い出した技術ですから、それを放り出して知らない顔をするわけにはいかなかったのです。設立当初は、私の母と今の森吉明社長の3人だけでした。とにかく支援を申し出てくださった皆さんや、大学時代に教えを乞うた中沖先生や山崎先生への御恩は今も忘れることができません。

——最初のころは救急絆創膏を作っておられて、その後今の第一三共さんと組まれて大きく前進されたようですね

　最初の救急絆創膏は許可が下りるまでに１年もかかりました。それでも売れ行きはとても好調で、徐々に設備や人員を強化していきました。

　余裕が出たところで、課題だった「どうすれば皮膚から薬物が多く入っていくか」という研究を続けていきました。その結果、軟膏の基剤を水性クリーム状にすることに成功し、独立から３年後の昭和47（1972）年にはアクリル酸ソーダを使うと真っ白な基剤「パップ剤」になることがわかり特許を取得しました。

　それから２年後、大手医薬品メーカーの三共（現・第一三共）株式会社と販売契約を結びました。三共さんは私のやっていることを良く見ておられまして、「いい貼り薬ですね。わが社で採用させてもらえないでしょうか」と言ってこられました。その時にもご縁というものが後押しをしてくれました。同社に富山県出身の技術者がおられまして、わが社の工場を視察に来て「こういった経皮吸収剤ができないか」という話になりました。そこで私は「できないことはありません、やりますよ」と自信を持って答えますと、「では、やってみてください」と話がとんとん拍子に進みました。

——御社の名が知られるようになった最初の新薬「アドフィード」が誕生した経緯をうかがいたいのですが

　「サリチル酸メチル」を皮膚から入れることは「三共シップ」「三共ネオパップ」で成功しましたので、ならば英国のブーツ・カンパニーの新しい化合物「フルルビプロフェン」も可能ではないかと考え、これを試したら皮膚からよく浸透していったのです。そこで、同成分のパップ剤の承認を申請しました。当時は薬物が皮膚から吸収されるといった前例がなかったため、国内で承認されるまで３年間保留扱いにされました。しかし、NASAの宇宙飛行士が船酔い止めの薬を皮膚に貼って効果があったことが伝えられますと風向きが急に変わり、大学時代の恩師で当時は千葉大学におられた北川教授に評価してもらい、昭和63（1988）年３月に「フルルビプロフェン」の経皮吸収型消炎鎮痛剤が承認されました。それがわが社初の新薬「アドフィード」になったのです。

　それと同時に三共さんから「ロキソニン」が経口剤として出てきましたので、

それも経皮吸収剤でやったらどうかという話になり、平成18（2006）年1月に製造承認に漕ぎつけました。

──経皮吸収の方が効率的だというのは、やはり何か化学式に特徴があるのでしょうか

　これはやはり分子量と分子構造の問題です。私が見たら「ああ、これは入りやすい」「これは入りにくい」というのが分かりますけど、普通の方では分からないと思います。

　今は「ロキソニン」が主力製品です。脳幹膜通過など多くの問題を解決しながら研究を進めていますので、中枢神経系のものを含めて許可申請をしていけばいいと思っています。

──御社のようにヒットをつないでいくのは大変難しいことだと思いますが、連続的に成功されている秘訣はどこにありますか

　やはり、これからどういうものが世の中に求められていくかということを絶えず見定めていくことです。そして、その需要、ニーズがどの程度あるかということです。また、それが国内だけではなく海外でも受け入れられるかどうかを見極めていくことです。

　現在は、イタリア、ポルトガル、南アフリカ、中国、カナダ、米国、ブラジルの7カ国に経皮吸収の消炎鎮痛剤などを輸出していまして、さらにEU（欧州連合）や中近東、ASEAN（東南アジア諸国連合）加盟国などへの販売計画も進んでいます。ただし、臨床実験によって資金ばかりが出ていき、売り上げにはまだ寄与していない段階ですから今が一番つらい時です。直近の海外売上高比率は10数％になります。意外にも、外国の人は身体に貼ることについてほとんど抵抗がありませんでした。

──そうしますと、これからは海外市場の開拓に重点を置くことになりますね。世界の製薬メーカーは自社開発の時間を短縮するためにM&Aを盛んにやっておられます。御社も検討はなさっているのですか

　「経皮吸収」という言葉は私の発案ですから、世界中にそういう概念が一つも

存在しなかったということです。どうしてなかったのか今も不思議に思います。海外でも皮膚から薬物を入れるということに対して抵抗がありませんでしたから、急いで海外向けに取り組みました。例えば、欧州では紫外線カットのニーズがありますから、安全性のデータを集めた上での製品化はこれからです。応用の仕方が多種多様にあると思いますので、それを逐次一つずつ片付けていかなければならないと思っています。

　M&Aにつきましては、こちらから積極的に働きかけていることはありません。向こうから持って来られた場合は別ですけどね。

——新薬の開発が進んでいるということですが、これからどんな分野を重点的に取り組んでいかれますか

　アルツハイマー系ですね。皮膚から通過させれば、スッと入っていきますよ。脳幹膜通過ができますからね。アルツハイマーが進行していきますと自分で薬を飲むということができなくなります。しかし、いつ貼ったかが書けますので、そういうやり方が増えてくるでしょう。

　高齢化社会では、やはり「貼る」ということがポイントになります。昔は「冷やす」とか「温める」だけだったのですが、これが色々なことに利用できるわけです。

　隣の中国はものすごい勢いで高齢化していきますから需要はかなりあると思います。この5月にも現地に行ってくる予定です。とにかく中国に限らず、世界中に大きな需要があります。

　今まで欧米はこのような技術に暗かったということです。一つには良い製品が出なかったためだと思われます。経口投与や注射に比べて、炎症部位の組織内の濃度が「イコールないし高い」というものが彼らにはできなかったのです。

——そうしたネックを御社はどのように乗り越えられて、効率の良い製品を作ってこられたのでしょうか

　最初は「くっつく・くっつかない」から始まりましたが、せっかく付けたのなら、薬物が皮膚からどのように入るかくらいは分からないとダメだろうと思いました。そのうちにどんなものが入りやすいのか、どういう補助剤があればよりた

くさん入るのか、そうしているうちにどんどん上を目指して突き詰めて行きましたので、未だにわが社はこの世界ではトップにいるのだと自負しています。

私の座右の銘は、「吾が道は一以て之を貫く」ということです。一つのことを徹底的にやっていくというのが大事なのです。しかも、あまり視野が狭くなり過ぎないように、広くやりながら、一つの道を進んで行けばいいと思っています。ですから、一つを深く知っていて、「ひょっとしたら、あれもいけるんじゃないか、これもいけるんじゃないか」ということでやっていけば、間口もまた広がっていくと思います。

——富山に中心的な工場があるわけですが、こちらで作るということの優位性どのようなところでしょうか

富山は、営業は得意ではないけれど、製造については皆さんの理解がありますので、とてもやりやすいのではないかと思います。

作ろうと思えばどれだけでもできます。同じことをやっていくのなら、そう問題はありません。海外のメーカーがわが社の工場を視察して同じようなことをしようと考えたようですが、「こんなに合理的になっていたら、われわれが真似をしても負ける」と言って帰られました。やはり地元でずっと作っていくとなれば、徹底的に合理化をしておかないとダメですね。

わが社は「経皮吸収」の世界で特化してやってきましたので、それで何ができるかということを考えますと、今まで飲み薬になっていたものすべてを貼り薬にチェンジしていくことができると確信しています。欲が深いのかもしれませんが、新しく面白いもので今まで世の中にないものをどうやったらできるか、その研究も続けています。

——御社では、新しいものが本当の意味での人助けになります。新しいものを作って市場に出すとき、一番留意されている点は何でしょうか

一番怖いのは副作用です。副作用がいかに出ないか、それにかかっているのです。主作用は割と早く出ます。しかし、それに対する副作用がなかなか出てこないわけです。

効くということは一つのことでよろしいのです。ところが、それに対して副作

用というのはすべてのものだから広いわけです。

——会長からご覧になって、「最近の若い研究者は自分たちの時と違うな」というところは感じられますか

どう言っていいのでしょうか。私の場合は失敗するのが当たり前でした。「失敗は成功のもと」と言いますように、「失敗しないで、ものができるわけがないだろう」と彼らに言っています。若い研究者は新規のものに意外と消極的です。たぶん失敗したくないのだと思います。失敗を恐れてはなりません。何十億円もの大きな設備投資をして失敗したらどうにもなりませんが、1億円や2億円のことだったら失敗してもよいとはっきり言っています。

——今までずっと開発に成功してこられましたけれど、これからもそうやって成功率を高めていかれるためには人材育成が大事だろうと思います。そこにある会長のポリシーというところをお聞かせください

まず、化学構造と薬理作用をしっかりとやっておくことです。その次は、その薬理作用の強力なもので副作用をきっちりと見ておくことです。そして、それを生産する際にはどのような設備が必要かということも見ておく必要があります。他社と同じものを作るわけではありませんので、多少高くついてもかまいません。

——薬価改定や業界のいろいろな規制なども課題としてありますね

ですから、もう国内だけを相手にしていてはいけません。2年に1回ずつ薬価が下げられていましたが、それが毎年下げなければいけないということも言われていますので、海外展開を進めて世界中を相手にやれるようにしようと考えています。

——富山県の薬業がさらに大きくなっていくためには、行政に対してどのようなことを要望されますか

要望も大事ですけれど、自分が何をやりたいかをはっきりさせていくことが一番大事なのではないでしょうか。やはり、どうやったら新しいもの、どうやったら有効で安全性の高いものができるかに取り組んでいくことが大事だと思います。

Top Interview 16 リードケミカル株式会社 森 政雄氏 135

行政にお願いするには、自分がこういうことをやりたいから、こういう点において何か援助してもらえないだろうかというように、何か目的意識がないといけません。ただ漠然と言っていてもダメでしょうね。

——今後海外市場を重視していくというお話でしたけれど、今後会社を成長させていくためには海外のほかに、どういったところを戦略的に取り組んでいかれますか。また、それを実現していくための経営上の課題とは何でしょうか

　先ほど申しましたように、海外でやることと、新規物質をどうやったら開発できるかということの二つです。今はこれらを両輪でやらなければいけないと考えています。

　経営上の課題は人材の育成です。今は資金的にまったく困っておりませんので、そういったところにどんどん投資をしていきます。

　せっかく富山にいるのですから、やはり創意工夫をして、発想を豊かにして新しい薬を作り、病気で悩む世界の人たちのために貢献していきたいと考えています。

——本日はお忙しい中どうもありがとうございました。

Top Interview 17　　　　　　　　　　取材日：平成29（2017）年6月

能登から世界へ健康で安心安全な食文化を発信する
～創意工夫と独自の技術開発力により、
　　　　　業界初・世界初のヒット商品を生み出す～

株式会社 スギヨ　代表取締役社長
杉野　哲也 氏

会社情報
【本　　　社】石川県七尾市府中町員外27番地の1
【同事務所】石川県七尾市西三階町10号4-1
【設　　　立】昭和37（1962）年1月
【業務内容】水産練製品・加工品製造販売、冷凍魚塩干魚等の販売、惣菜類の製造販売、菓子製造販売、水産練製品・加工品及び水産物の輸出入、食品の冷凍冷蔵業

——社長になられて来年で30年になるとお聞きしますが、当初は何を引き継いで何を変えていくかに苦労されたのではないかと思います。今振り返られていかがですか

　私は36歳で社長になりましたが、その時は前社長の父は会長でした。やはり、会長がいると壊せないというものがありましたが、私も就任時は若かったものですから基本的には全部壊そうと考えていました。一つ挙げますと、実は給与体系は先々代の祖父が作っていました。祖父は従業員のことを全部知っていまして、もちろん家族の状況から親戚関係まで熟知していました。そこで、中学から高校へ上がるお子さんがいる従業員には「少し給料を上げてやるか」というように支給額を決めていったわけです。しかし、祖父が亡くなった途端にその情報はすべてなくなり、それまで変な言い方ですが、お子さんが一番大変な時期だった人は、それが目安になって給料が上がっていったのが、他方、その直前にいた人はそういうメリットが享受できなくなりますので、従業員が増加していく過程の中で何らかの仕組みは作っておく必要があると思いました。

　そこで私が社長になった時に、給与や賞与、退職金を含めて支給額の決め方を思い切って見直しました。従来のままでリンクさせすぎますと会社の経営が危うくなるからです。新たな仕組みとして管理職以上はすべて年俸制にしました。

——当時としては、年俸制はかなり珍しいと言いますか、先進的な取り組みだったと思います。能登という地域においてはなおさらですが、従業員は納得してくれましたか

　給料破綻しないためには、そうするしかありませんでした。私は従業員に「自分で欲しいと思うだけの金額を書いていいよ。そうすれば、欲しいだけ支給するから。ただし、それが結果として出てこなかったら次の年は引くよ」と伝えました。ところが能登の人たちは真面目なのか、前にもらっていた金額より多く書くような人はいませんでしたね。

——しかし、若い社長がいろいろと変革をしていきますと、社内ではそれなりに抵抗があったのではないでしょうか

　私は従来の役員が、すべて辞めることを条件に社長を引き受けました。ですから、彼らには総退陣をしていただきましたが、名目上ということで会長には残ってもらいました。そして、株式会社ですから3人の役員が必要なので家内に名前だけ借りまして、会長と相談しながら3～5年かけて新しい役員を選びました。社長になるのですから可能な限りしがらみを断ち、私と同じ世代の人たちを引き上げていきましたので、社内に抵抗などありませんでした。やはり、この能登に住む人間の気質もあると思います。特に「とと楽」と呼ぶくらい、女性は良く働く地域です。律義で勤勉で「能登はやさしや土までも」と言われるくらいの気質をもっています。

——そうしますと、この能登の地で操業を続けていくことに、かなり大きなメリットを感じていらっしゃったということですか

　最初は感じていませんでした。それは、ハンディがあり過ぎるからです。能登ではなく近場なら金沢、チャンスがあれば関東や関西に出るべきだと思っていたのです。実際にそういう発言もしていましたし、そう動いたことも少々あります。すると、先々代の祖父は「自分の目の黒いうちは、絶対にそんなことはさせない」と声を大にして言いました。そうしているうちに、自分が50歳になり55歳を超えてきますと、だんだん差別化が難しくなり、「やはり今のスギヨの価値というのはまさしく能登なんだ」と感じるようになりました。

差別化というのは、食文化であったり、そこで働いている人たちの気性であったり、さらに新商品を作っていく時のひらめきであったり、可能性であったりするわけです。資質の問題という面では、その風土や地域が生み出しているということをつくづく感じるようになりました。ですから、先々代と同じようなことを私が今、言っているわけです。この工場が完成した際に谷本石川県知事が来られまして、「杉野さんは口で言うだけではなく、本当に能登に残るということを私たちに見せてくれたわけですね」と褒められましたが、まさしく、この地が今後も生きていく上で一番の中心地だと考えています。

──企業として永続していくためにも、また、商圏が世界に広がったとしても、そういう一つの土台が必要になります。特に能登でたくさんの人を雇用して、毎年少しでも働く人が増えていけば地域にとって大変ありがたい話です

　最近は人手不足と言いますか、なかなか人が集まりません。わが社の採用は金沢方面の大学が中心になりますが、研究開発や品質管理の部門については結構応募があります。しかし、製造部門をやりたいという人はなかなか集まりません。ですから、2つある対応策の1つは、60歳を超えても元気だったら70歳まで働いていただくということです。一般に言われる高齢者の雇用です。もう1つは、外国人の雇用です。彼らを採用しないと会社は回りません。今では、ベトナム出身の従業員が80名くらい工場で働いています。

　先ごろ、すべての仕事を見直そうと社内に「働き方改革委員会」を設立しました。具体的には、仕事の棚卸しと仕分けを行い、工場では自動化できる部分は機械に置き換えたり、非生産時間の削減目標を立てて取り組んだり、また営業・事務系ではノー残業デーを設定したり、タブレット型端末を導入したりと、効率化による働き方改革を進めようというものです。

──生産性を改善していくための一つの良いきっかけだと思います。やはり従来とは違う発想をして、変えていかなければならない時代になりましたね

　特に、わが社は競合メーカーに対し、大きなハンディをもっています。やはりこの能登が大都市から距離があって降雪地帯であるため、物流面で不利な条件を抱えているからです。われわれが作っているのは日配商品といって、今日注文

を受けたら今日のうちに出荷しなければなりません。そういう意味では、マーケットの近くにはライバルの工場がたくさん立地しているわけです。また、発注元はなるべくコストをかけたくありませんので、ギリギリいっぱいまで発注してきません。ですから、注文があって納入するまでの物流は、どんどん時間が短くなっ

ています。さらに、見込みで作って注文が入ったら修正をかけていくというやり方では、当たり外れが出てきます。そういうハンディを抱えていますので、コストは絶対に高くなります。つまり、ライバルが売る定番商品は、わが社にとって商品として成立しないのです。やはり、生きていくためにはどうしてもニッチなマーケットで売ったり、ニッチな商品を開発したり、他社ができないことをやっていくしかありません。

　競合他社の生産現場は省人化によってラインの生産性を高め、品数を少なくして大量に生産するというスタイルを採用しています。一方、わが社はアイテム数が他社の数倍あって多品種少量生産になっていますので、どうしてもコスト高になってしまいます。実は、そこにこそ棲み分けができていまして、あまり他社と競争しないような仕組みになっています。ですから上位10社の中で、わが社だけが異質な立場にあると言えます。

また、他社は物流の一本化を図るために既存の工場を集約しています。工場が多いわが社は、商品の種類が違うので非効率でコストがかかっていますが、逆に商品力で売り上げを伸ばしている状況です。しかし、それに甘えることなくそれぞれの工場が同じように持っているものを1カ所でやるように全体の仕事を見直す時期に来ていると感じています。つまり、1カ所から指令を出して1つの工場が動くようなグループ作りが、この先必要になってくると考えています。

——軸足の国内マーケットは人口減少で悲観論が強いと思います。逆によく言われるのは、減少する分を海外でカバーするということですが、海外戦略についてはどのようにお考えですか

　人口が減少する以前に、例えば国際的にものすごく魚食が伸びています。日本は鮮魚と養殖魚を足した魚食は前年比2％くらい落ちてきていますが、中国の魚食はこの半世紀で8倍くらい増えています。世界的に均しますと2倍も魚を食べるようになっているのです。わが社は中国でも事業を展開していますから、さらに魚食に火が付きますと供給不能になる恐れがあります。ですから、海外で売り過ぎますと需要がなくなった時のリスクが大きいので、輸出は売上高の10％を超えないようにしています。

　実は、米国に輸出した際に同じような目に遭っています。今では米国工場は独立して運営していますので、こちらの本体が傷むことはありません。もしも、中国をはじめ東南アジアなどで10％を超えるだけの需要が出てくれば、そこで新しい拠点を設けてやるしかないでしょう。そう考えますと、わが社の海外事業推進部には中国出身者が3人いますので、中国のマーケットは彼らに任せるのがベターと考えています。となれば、今のうちにタイやベトナムなど東南アジアの出身者をどんどん海外事業推進部に入れておけばいいのです。この石川県に住む留学生のうち、日本語が話せて日本が好きという人たちを募集し、将来に備えて人材を育てていこうというのが今の考え方です。

——人材育成に関して言えば、人手不足の面から技術の伝承が難しくなるとよく言われています。御社でも、やはり同じような悩みはありますか

　ありますね。しかし、技術の伝承が一番難しいのは農業の分野です。われわれ

も農業をやっていますが、今は、80歳くらいの人が65歳くらいの人に引き継いでいる状況です。気候などの変動もありますが、その地域ごとの力で伝承してきて今があると思います。10年やっても10回しかチャンスがありませんので、農業の事業を通して、今のうちに多くの伝承を聞かせてもらおうと考えています。さらに、たくさんの新しい耕作技術があります。今は露地の有機栽培をやってみたいと思いますので、３年かけて土を全部改良していこうと取り組んでいます。そういう新技術と従来の伝承技術を組み合わせて面白い農業を作れないだろうかと、わが社の農業部隊が今まさに動いているわけです。

——こちらは海、里山、山のすべてがつながっていますから、農業としては何でもやれそうな気がしますね

そのとおりです。海や山などが一体化していますから、農業には最適な場所です。われわれは付加価値という名目で安く買って高く売るのが商売だと思っていましたが、そういった時代はそろそろ終焉するのではないかと思います。これは、食品会社をイメージして話をしているわけですが、基本的に１次産業者を育成し、それを生かしていくような２次産業者でなければ、これからの存続は難しいのではないでしょうか。そのためには、われわれが実際に農業をやり、１次産業者の仲間作りをやる。そして、物はきちんとトレースができて、安心・安全が担保され、全部見えるようにしてあげることです。この辺りは中山間地域ですから、さほど収穫量も多くありません。そうなれば、やはり加工が重要になってきます。規格外品も全部使って反収を上げる形でないと、ここでの農業は成立しないでしょう。

ただし、米だけは別です。米は補助金がありますからよろしいのですが、野菜だけでやっていくのは並大抵のことではありません。夫婦で従事されているご家庭では、かなり自分たちの生活を削りながら苦労して続けておられますので、いいお客さまを掴んでいないと成立しません。ある一定の規模までは可能ですが、それ以上になるとなかなかできないと思います。そういうことをわれわれが率先垂範してやっているのですが、そういう姿を見せることによって仲間を作り、能登一円がもっと手を組んでいけたらいいのです。売り先をたくさん確保して、その中で一番所得に恵まれている先に、どんどん売ればいいのです。そういう選択

肢を作ってあげないと一次産業者はいなくなり、Uターンはもちろん、Iターン
など別の方法で人材を引っ張って来なければなりません。交流人口が増えるのも
必要ですが定住人口が減るのは困ります。

　和倉温泉で出される料理の食材が、ほとんど北海道産や九州産では話になりま
せん。地場産の食材が増える一助になればということで、われわれは取り組んで
いるのです。

**――そういう意味では、食品産業は地域の食品を循環させていく大きな役割を
担っていますから、やり方としては多様にあるように思います**

　中国できちんと管理されて作られた野菜の方が、日本の野菜よりも安全なこと
があります。かなりの精度で検査をされてくる中国産と、無検査のままの日本産
では、いつ問題が大きくなるか分かりません。そういう前提で動かないとダメなわ
けで、自分たちが作って「安心である」という履歴をきちんと残す必要があります。

　やはり食べ物ですから、健康や安心・安全というのは本当に重要性を増してき
ます。あまりにも飽食で食品を無駄にする行為については、われわれ製造業はも
う少し考えるべきです。そういう面では、わが社では「スギヨ仮面」というキャ
ラクターを使って食育の活動を続けています。そんな立派なことはしていません
が、われわれが幼少のころに教わった「物を残すな」「好き嫌いをするな」といっ
た基本的なことをお子さんたちに知ってもらおうと取り組んでいるのです。基本
的に、今は「捨てる文化」になってしまっています。食品衛生法上でもそういう
設計をされていますから、国を挙げて根本的なところから変えていかなければな
りません。

**――戦後の画期的な発明にカニカマがあります。これもかなり成熟した商品に
なってきたように感じますが、次の新しい商品の研究開発はどのように進めてお
られますか**

　カニカマは使い勝手がいいので、普通の商品のライフサイクルとは少々違いま
す。素材としての価値をお客さまに認めてもらえるならば、今後も売上は伸びて
いくと思います。今はレパートリーを増やそうと「香り箱」という商品を作って
おりますが、これ以外にも天ぷらに向いたカニカマなどもあります。実は、こう

Top Interview 17　株式会社 スギヨ　杉野 哲也氏　143

いうものとはまったく違い、練り製品でなくてもいいから健康かつ安心・安全が担保できて、あまり世の中で見かけない、この地域の原材料を使った製品の開発を進めています。

例えば、海藻をもう少し使おうとしています。海藻の使い方ですが、乾燥させてからという限られた食べ方しかありませんので、もう少し物理的、生物学的に処理してやればいいのではないかと考えています。とにかく、海藻は地面で育つ野菜よりも栄養価が高い食べ物です。この海藻については、米国の一部でブームになりつつあります。しかし、問題は食べ方です。日本でも食べ方があまりにも限定されていますので、もう少し分解してやる必要があります。例えば、乳酸菌で処理してやるとか、そして良いところを抽出して食べやすい形にしてあげるとか、そういうことをすればもっと広がりが出てくると思います。

アワビやキャビア、イクラやウニといった高級食材にも取り組みましたが、結構難しいところがあります。コピー商品という言い方もされますが、原材料に魚を使って、それがリアルな食材のコピーと言えるのかということです。しかし、がんもどきは一つの商品として認められてきました。そういった形もあるという認識をもちながら、コピー商品を見ていかなければなりません。

もう一つは、遊び心も必要だということです。例えば、本物のアワビそっくりな商品を作ってみたところ、見た目も食感もアワビそっくりだと言えるなら、かなり多様な技術がそこで集積されるわけです。そうしますと、開発担当者の腕が上がります。われわれは、あらゆる高級食材をまねて開発に取り組んできましたが、作った商品は市場に出していないだけで、ベースとなる技術はすべて社内に蓄積されています。

──最初は「コピー商品」とか「まがい物」と言われるかもしれませんが、それが一つの文化として高まっていけばよろしいと思います。社長はこれからも歴史を刻んでいかれるわけですが、これからの「スギヨ」をどういう会社にしていきたいとお考えですか

やはり海外勢に勝てるのは和食だと思いますので、和を追求していこうと考えています。和の原点としては出汁がありますので、われわれは出汁に対してもっと積極的に向かい合わなければなりません。能登には「あごだし」という出汁の

文化があります。原料のトビウオは乾燥の仕方次第で味が変わります。ですから、入り込めば入り込むほど奥が深いのです。それを極めていって、その食文化を残しながら全体に広げていくことが、食に携わるわれわれに一番必要なことではないかと考えています。このほか、和の食材として味噌や醤油などもまだまだ面白い要素があると感じています。

そして、企業のグルーピングです。新潟県の企業をM&Aで取得しましたので、特徴のある企業がいくつも集まって多様な変化に対応できるようにしていきたいと思っています。一つの企業が巨大化しますと変化に対応しきれなくなりますし、今後何が起きるか分からないですから、そういう面ではグルーピングが必要だと思います。周りに緩やかな業務提携先や仲間たちを集めてやっていければと考えています。

これが農業ですと、作ったものをどう売るかが一番難しいわけですから、「こういう作り方をして、このように加工すれば売れるよ」と教えてあげれば仲間を広げるきっかけになります。このようにグループを作り上げていくことが大切ですし、生き残る近道なのだろうと思います。食品産業というのは一人だけが勝つとか負けるとかといった世界ではないと思います。

――社長は経営面で何を一番大事に見ていらっしゃいますか。何か数字的なメルクマールみたいなものがあれば教えてください

やはり売上高ではなく利益額が大事で、その次は利益率です。付加価値がないものは、われわれの生きる世界ではないので極力やめるようにしています。いかに付加価値を上げていくかと言いながらも、まだまだコストがかかるので利益率は低いです。米国では10％もないとM&Aをされてしまいます。日配食品は本当にひどいものです。ですから、その構造を変えていかなければなりません。そして利益が出たならどのように社内で分配をするのか、また次の世代のためにいかに残していくのかということをオープンにしなければなりません。みんなが努力をした結果、きちんと自分たちに返ってくるという世界をいかに作っていくかが重要です。そうしないと、このような地域に人が集まってきません。やはり企業として、今後新しく入ってくる人たちが魅力を感じるようなものや仕掛けなどを作っておかなければなりません。そのためにも、利益をしっかり出しておく必要

があります。

──そうですね。利益を出しながら新しいものをどんどん作り出していくことが大切です。チャレンジがなければ若い人たちも面白いと感じませんし成長もできません

　刺激がないと仕事をしているような気がしなくなります。米国ではカニカマだけ特別にやっているものですから、どうしても気持ちが緩やかになって危機感の持ち方が少し生温くなります。やはり利益が出たり儲かったりしている時が一番怖いですから、次の商品へと手を打っていかなければいけません。２つ３つやってうまくいかないと諦めてしまうようでは将来がありませんので、当たるまでやるべきです。若い人たちには失敗を恐れないでチャレンジしてほしいですし、社会全体が彼らの失敗を受け入れてあげるような仕組みを作っていくべきだろうと思います。

──本日はお忙しい中どうもありがとうございました。

Top Interview 18

取材日：平成29(2017)年9月

「切る・削る・洗う・磨く・砕く・解す」
６つの超技術でグローカルニッチリーダーを目指す
〜創業の精神「自ら考え、自ら造り、自ら販売・サービスする」が成長のカギ〜

株式会社 スギノマシン　代表取締役社長
杉野　太加良 氏

会社情報
【本　　社】富山県魚津市本江2410番地
【創　　業】昭和11（1936）年3月
【設　　立】昭和31（1956）年4月
【業務内容】機械、装置、器工具、バイオマスナノファイバー、関連設備の開発製造、販売

――先ほどショールームを拝見させてもらいましたが、バラエティに富んだ製品群に御社のDNAを垣間見たような気がします。創業時の配管内清掃機械から近年はセルロースナノファイバーまで、**多種多様な製品を開発してこられました**

　そうですね。どれ一つとして、ほかでやっていることを真似たものはありません。すべて自社開発です。「自ら考え、自ら造り、自ら販売・サービスする」という創業の精神をもとに今日まで来ているわけです。

　お客さまは実に多岐にわたっています。自動車・航空機・食品・医薬・化粧品・石油化学・電力・電子機器、それから土木建築・宇宙など、ありとあらゆる業界に納めさせていただいていると言っていいと思います。その大本は一つの商品だったのですが、派生的に広がっていきまして、これがわが社の強みになっています。

――**大阪で創業されたそうですが、その経緯を教えてください**

　当社は、父・杉野林平が昭和11（1936）年3月1日、大阪市東淀川区で創業しました。若い頃は北海道で開墾に従事し、その後は淡路島の由良砲兵聯隊にて砲兵観測手として機械関係の任務に携わりました。除隊後はゴム製品の会社などを

経て、行きついたところが「クリーナー」だったのです。

当時は蒸気機関が動力源でして、そのパイプの中にスケールという水垢、人間の血管に例えればコレステロールのようなものが付くわけです。これを取らないと熱効率が悪くなるので毎日掃除をしなくてはなりません。当時はデレッキ（灰掻き棒）というものがありまして、人手でしごいていました。これがまた大変な作業でして、その間はボイラーを止めなければなりませんので、これを自動化してボイラーの稼働率を高める必要がありました。そこで考案されたのがチューブクリーナーという工具です。英国で発明されたもので、マンチェスターやランカシャーからものすごい高価格で輸入していました。手で掴めるくらいの大きさの工具にもかかわらず家1軒分の価格でしたから、国産化・低価格化が求められていました。父は試行錯誤を繰り返して見事開発に成功し、「杉野クリーナー製作所」を創業いたしました。

その際に父はたくさんの特許を取り、作ったチューブクリーナーを蒸気機関の使用先に納入することで、技術力をさらに高めていきました。チューブクリーナーは、圧縮空気で動くものと水圧で動くものがあります。空気圧式チューブクリーナーは後にエア制御の技術に、水圧式チューブクリーナーはウォータージェット技術へと発展していきました。

――大阪での空襲から逃れるために富山へ疎開されたということですが、その時の社長や会社の状況をおうかがいできますか

蒸気機関は当時軍艦や発電所にも使われていましたから、空襲が相当激しくなってきたころ、陸・海軍から疎開を命じられました。そこで昭和20（1945）年の終戦直前に、水力発電が豊かで空襲がなく、食糧事情も比較的良好な富山県魚津市に疎開しました。そこは父・林平が生まれた故郷でもありました。終戦後、私は日本国有鉄道大阪鉄道管理局の土木部で、空襲によって壊滅した駅舎やトンネルの測量調査をしていました。そういう時に父から「富山で事業を再開するから帰ってきてくれないか」と呼ばれたので、国鉄を退職し、すぐにわが社の福岡営業所に赴きました。そこでは八幡製鉄所（現新日鉄住金）が復興に必要な鉄をフル生産していました。蒸気でボイラーのタービンを回して発電をしていましたから、チューブクリーナーが大量に必要でした。戦後の復興を下支えすべく、疎

148

開先の富山でチューブクリーナーの事業を拡大していきました。

——水圧式チューブクリーナーの開発によって御社は水とのご縁が生まれました。その後の主な展開について教えてください

　水圧に対する技術を身に着けていく中で、それがとてつもなく大きなエネルギーを持っていることが分かりました。自然を例に挙げますと、時間はかかりますが巨大な滝つぼができますし、河川の岸もどんどん削られていきます。そこで「水でものが削れるのではないか」と考え、高回転の３連プランジャーポンプと洗浄装置（高圧水を小径ノズルから連続的に噴射して、その噴射流を対象物に衝突させることで、スケールの崩壊、離脱を促進させる）を発明しました。同種のポンプは以前からありましたが、高圧タイプがありませんでした。もちろん簡単に開発できるはずがありませんので、多くの失敗を繰り返しながら完成させました。

　今ですと１万気圧以上まで圧を上げることが可能で、いろんなことができます。例えば樹脂やゴムは勿論、金属の切断や鉄骨や鉄筋コンクリート構築物の解体、金属部品の「バリ取り・洗浄」、そして物質のナノサイズへの微細化などです。

——自動車は世界の経済を支える重要な産業です。御社のバリ取り・洗浄技術がそこでどのように生かされているのですか

　かつて自動車を買いますと、「慣らし運転」が必要でしたし、走行距離2000kmごとや5000kmごとにエンジンオイルを交換させられました。しかし、今はほとんど交換しなくてよくなっています。それは、わが社の機械が自動車部品を洗浄しているからなのです。かつてはバリ（金属を削ると発生する小さな突起状の切り残し）や切りくずが落ちてオイルを濁らせたり、歯車に噛み込まれたりして、走行性能の低下や故障の原因になっていました。しかし、今では１万km走っても５万km乗ってもほとんどオイルは濁りません。石油元売り大手の会長さんから「杉野さん、お宅があのようなすごい機械を作るから、うちはオイルが売れなくなったよ」と笑って文句を言われました。このような実績が評価され、今では世界中の自動車メーカーがわが社の高圧洗浄機を使ってくれています。

――昨年はロボットの新商品を開発し、一貫加工システムの中に組み込んで国際レベルの展示会などでご提案をされました

　昨今ロボットが騒がれるようになりましたが、実はわが社は日本のロボット黎明期からロボット開発をしていたんです。昭和44（1969）年でしたから大阪万博の前の年、半世紀も前の話です。

　当時としては莫大な金額だったと思いますが、当時の通産省から「ぜひ、杉野さんでやってほしい」と補助金をいただきました。すべて空気圧で動く、非常にユニークなロボットでした。

　そのロボットを市場に出してみたのですが、人手が溢れていた時代でしたので、「何のためにこんなモノを作るのか」と評価は芳しくありませんでした。また当時は、空気圧を制御する機器が十分でなく、技術的にも人手に勝るものではありませんでした。大手自動車メーカーに納め、オートバイのピストンを製造する際に溶けたアルミを金型に移すという危険な手作業に使用しましたが、結局、人手の方が安かったので少量しか売れませんでした。今はロボット全盛の時代へと突入していますが、ビジネスはあまり早すぎてもダメなのです。遅すぎると問題ですけれど、あまり先走ってやっても世の中は認めてくれません。

――しかし、ロボットを開発された技術力、そして新しいものにトライするチャレンジ精神、さらにどこにもないものを作っていこうという心意気が冒頭に述べました御社のDNAだと思います

　そうですね。ロボットは一度消えましたけれど、どこにもないものを、どこよりも早く作って、世のために尽くそうという精神は遺伝子として残されました。これは非常に大事なことでして、そういう意味でロボットもエポックメーキングな経験でした。

　私は社内でよく「１つの失敗をすると、５つの技術が残る」と言っています。ものによっていろいろありますけれど、「材料」や「物性科学」など５つくらいです。失敗して何もせずに放置するからダメなのです。失

敗を糧に次にもう一度何かにトライする。そうすると、またそこから新しいものが生まれてくるわけです。普通なら「失敗だ、もうダメだ」と捨ててしまいます。とにかく全部捨てるのはもったいないですね。失敗しても得た技術は拾い上げれば次の近道になるわけです。やはり長い目で見ないといけません。

——製造業はICTやロボットなどを駆使し、いわゆるIoTといった形でデータを集めながら変革していく時代になりました。そうした面での御社のものづくりの基本的なスタンスはいかがでしょうか

　IoTはご存知のとおり、生産効率を上げる効果が期待されるわけですが、現在の工作機械では、まだ故障を未然に防いで手を打つという点が中心になっています。そのレベルであれば、早いところは10年も前から取り組んでおられます。ここ4、5年の間でしょうか、急速に「IoTをやらなくてはなりません」と言われてきましたが、それは単なる予防保全だけでなく、生産をトータルでコーディネート・コントロールすることであり、機械や工程、工場、会社間を有機的につなぐ必要があります。

　当社は部材の切断から形状加工、洗浄、仕上げ、搬送など、さまざまな工程に対応した商品を持っていますので、それらをつなぎ、一気通貫でお客さまに提案できるよう、IoTを活用していかなければなりません。

——今は産業機械だけではなく、BiNFi-s（ビンフィス）という商品名のバイオマスナノファイバーに取り組んでおられます。その素材を開発された経緯を教えてください

BiNFi-sとは、植物繊維のセルロースや、カニの甲羅などに含まれる食物繊維のキチン、キトサンをウォータージェット技術を使った微細化装置でナノサイズまで解きほぐした極細繊維

　わが社は80年にわたり産業機械メーカーとして歩んできたのですが、非常に多種多様な業界に納入しておりましたので景気に左右されにくい企業でした。どこかの業界が不調でもどこかの業界は好調なため、わが社が赤字なることはこれまで一度もありませんでした。しかし、リーマンショックの時は非常に多くの分野が落ち込んだため、赤字にこそなりませんでしたが、これまでにない業績を経験しました。その時に「機械ばかりやっていてもダメなのではないか、軸足として

別のことを一つやる必要があるのではないか」と考えたのです。

その時に、まずどういう分野が良いのかということで、わが社の機械を使って利益を出している会社を調べましたら、

加工から洗浄までの一貫対応ライン

「素材」というキーワードが浮かんできました。特に高機能素材は新興国にも真似されにくいことに着目しました。

そこで、素材の中でまだ明確なトップメーカーがなく、かつ将来的に伸びる可能性があり、しかもわが社の技術で強みが出せるものは何だろうといろいろ探した結果、セルロースやキチン・キトサンを使ったナノファイバーという素材に行きついたのです。これは、まだ世に出てきたばかりの新素材で、ポテンシャルはあるが、まだどこもそれほど開発が進んでいない。しかもわが社の高圧の技術を使って非常に優位性のあるものを作ることができる。さらには、自然由来で、無尽蔵の資源とも言えるため、サスティナブル社会にも貢献できると分かったのです。

開発に際しての一番の課題は、やはり私どもが機械屋で、化学の見識がさほどなかったことです。化学の世界は非常に高度なノウハウが要求されるので、なかなか単独ではできませんでした。今までの自前主義では無理がありましたので、必要な部分は大学や研究機関、あるいは特定の企業などと組み、コアな部分は自分たちで守り、あるいは発展させながら事業を進めていこうと考えました。

——その事業を開始されてうまく軌道に乗っているのでしょうか。商売として成り立つための秘策はありますか

ナノファイバービジネスを行っている企業は数社ありますが、既にビジネスとして成立し、黒字化しているのはわが社くらいではないでしょうか。わが社はこれまで機械の開発・製造・販売において、「この工程はスギノマシンでないとで

きない」という高付加価値な商品を提供し、市場は小さくともそこでは世界トップになるという「グローカルニッチリーダー」ビジネスを展開してきました。ナノファイバーについても同じ戦略で、大量生産・大量消費で価格勝負の分野には行きません。あくまで高付加価値のものでグローカルニッチリーダーを目指します。

秘密保持契約があるので公表はできませんが、すでに私どものセルロース、キチン・キトサンのナノファイバーは、化粧品や工業原料として採用されており、少しずつですが規模も拡大しています。

――御社の概要を拝見しますと、グループ全体で1600人弱の社員が働いておられます。そのうち研究所で技術開発をされている方は何人くらいいらっしゃいますか

オーダーメードの商品が多く、営業や品証、調達部門にも技術的な知識や経験が必要なので、どこまでをエンジニアと言うのか少々難しい面がありますが、500人くらいになります。その中でも、実際に図面を書くという意味では、300人くらいいると思います。1600人足らずの会社で300人となればかなりのウエートを占めます。人は財産ですから、非常に大事にしております。

人員配置は、縦糸と横糸だけではなく、糸を斜めに交差させた綾織のイメージで行っています。新しい技術が思いがけない所から出てきます。それは斜め織の交差したところからです。

研究室には多様な人員がいます。パテントを扱う法律関係の担当、それから石油科学、水科学、圧力科学、電子・電気、メカニカルなど、いろいろ集まっております。それらを常に綾織の配置でやっていくというのは非常に大事だと思います。あまり縦線だけでやってもダメ、横線だけでやってもダメ、それから縦横の市松模様だけでもダメです。特許など知財関係の担当者もいますので、そういうところも見なくてはいけません。大手では大概やっていますけれど、わが社くらいの規模ではあまりやっていないと思います。

――昨今は人手不足だとか、なかなか人が集まらないといった課題を抱える企業をよく見かけますが、御社の場合はいかがですか

Top Interview 18　株式会社 スギノマシン　杉野 太加良氏　153

このような小さな会社ですが、かなりの受験者が全国から来られます。どうしてかと言いますと、「あの会社は何か変わっている、何か面白いことをやっている」と何となく口コミで広がっているからです。それから、小さな会社の割にはたくさんの広告を出しています。日本経済新聞をはじめ業界紙や雑誌など頻繁に載せています。あれは効果が大きいと思います。それから、わが社の顧客の方が自宅でお子さんにわが社を勧められたり、小中学生のころに地元の見学会でわが社の技術に触れ、大人になって就職先に選んでくれたりするケースも結構ありますね。

――それはよろしいことですね。これからも少子高齢化が進んでいきますので、生産人口が少なくなっていく時の対応策として３つのカテゴリーがあると言われています。まず、多様化という形で女性の活躍、それからリカレント教育によるシニアの活躍、そして外国人の雇用です。御社の場合はどのように対応しておられますか

　定年制はありますが、延長して残っていただいている方も少なくありません。特殊な技能を持っているとか、キーマンであるとか、そういう方々は顧問といった形で残っています。長年の業務で培った特殊な技術は人に付いている部分があり、一朝一夕では移管できませんので、高齢者雇用に関しては積極的に取り組んでいます。

　正直なところわが社を含めて機械業界は女性の登用が非常に遅れています。しかし最近は、女性管理者をつくろう、産休などの制度をしっかりさせていこうと力を入れています。今までは結婚で退職、出産で退職といったケースが多かったのですが、今ではそのようなケースは少なくなっています。ちょうど昨年創業80周年を機に社服のデザインも変更したのですが、新タイプはマタニティ対応としました。今後も女性が今まで以上に働きやすく、そして定着率が高まるように取り組んでいきます。

　人事制度では、選手として優秀な人はそのまま選手として定年までやってもらいましょう、管理・監督が得意な人は管理・監督者としてやっていただきましょうという形を検討しています。今のわが社の仕組みでは、どんな名選手でも出世していけば職位が上がって監督にならざるを得ません。しかし、その人が監督に

向いているのか、監督をやりたいのかは別の話ですから、選手をやり続けたい人には選手としてのルートを作ってあげたいと考えています。

——最後にこれはどうしても読者の皆さんにお伝えしたいというご意見がございましたらお願いします

　これからは経営者も開発者も、「ディープ・インサイト」つまり「深い洞察力」が大事だと思います。これは科学技術とはまた別なもので、「深き先取りと洞察」です。この能力を身に着けていくことを日本の企業はやっていくべきで、目先にばかりとらわれていてはダメです。

　例えば、100年先は分かりませんけれど、少なくとも5年、10年先に世界の自動車はどうなるか、航空機はどうなるか、食料、原子力は等々、「深い洞察」ができないと生き残れないと思います。当然、知識・経験をはじめいろいろなものが必要です。私が一番心配しているのは、日本人が現状に安住し、狭い範囲で生き、目の前のことをこなしていれば、将来も安泰であると考えることです。世界はより小さくなる一方、民族主義や格差なども現実の問題として横たわっています。技術革新や各国の思惑なども複雑に絡み合っています。決して自分の身の周りだけで世界が完結しているわけではありません。広い視野と深い洞察力を持って努力し続けることは、今の生活を守るという最低限の目標に対しても必要である。そんなことを常々考えております。

——本日はお忙しい中どうもありがとうございました。

Top Interview 19　　　　　　　　取材日：平成29（2017）年12月

高付加価値型ジェネリック医薬品創生の
リーディングカンパニーとして、患者一人一人の
Quality of Life の向上を目指す
～人々の健康と幸福を守るために誠意をもって創造と努力を続ける～

小林化工株式会社　代表取締役社長
小林　広幸氏

会社情報
【本　　社】福井県あわら市矢地5-15
【創　　業】昭和21（1946）年12月
【設　　立】昭和36（1961）年4月
【業務内容】ジェネリック医薬品の研究開発・製造・販売

――まず、御社の生い立ちからお聞かせいただきたいと思います

　創業から70年が経過していますので、3代目の私ですら発足当時の詳細はわからない部分が多いのですが、祖父が富山で配置薬業を少しばかり手掛けておりまして、その後故郷の福井に戻り、同業仲間と「福井県製薬会社」を立ち上げたようです。そして戦後間もなく分離独立して「小林製薬所」を始めたのが原点となります。

　今でこそ減りましたが、創業当初は回虫や蟯（ぎょう）虫といった「虫下し薬」を中心に学校や保健所などに販売していたと聞いています。その後は今の会長である私の父の代になり、「これからは多種多様な医薬品を扱っていかなければならない。一般用薬だけではビジネスとして限界があるから医療用薬の分野へ進もう」と方針を転換し、社名を「小林製薬所」から「小林化工」に変更しました。何故「化工」にしたかと言いますと、医薬品だけでなく化学品全般に関して幅広く事業を展開していきたいという思いがあったようです。また、ご存じのとおり「小林製薬」という社名の企業がすでに存在していたということもありました。

　設立時のメーンは注射薬でした。当時は注射薬を手掛けるメーカーが少なかったため、「これからは病院がどんどん建って拡張されていくから、注射薬が今後

ますます必要とされていくのではないか」と予想し、早い時期から積極的に取り組んでいきました。

——そうでしたか。私たちの幼少時はアンプル、今はバイアルでしょうか、そういった注射をよくしてもらった記憶があります

よく覚えていらっしゃいますね。その注射薬に取り組むと同時に、坐薬も製造しておりました。坐薬は、「注射は痛くて嫌だ」「錠剤やカプセルが飲みづらい」と服薬を拒まれる小児や高齢者にとって福音となる一つの投与経路ではないかと考え、結構早い時期から取り組んできたのです。しかし、坐薬は需要が減少したため今では手掛けておりません。

振り返りますと、小規模な会社でしたが設立当初から剤形バリエーションを重視して取り組んできたと思います。例えば、経口液剤や軟膏剤、クリーム剤なども手掛けてきました。そうしたチャレンジ精神が今の独自性や差別化につながっているのだと感じています。

——抗生物質においては注射薬が多いとお聞きしますが、やはり御社の製品群の中では今もそれらがメーンということでしょうか

医薬品というのは剤形に違いがあっても品質管理基準で似通った面があります。例えば注射薬は工程管理レベルが相当高い製剤になりますので、こういった製品を手掛けますと自ずとほかの製剤の工程管理に応用できるようになりますし、いろんな面でレベルアップが図れるのです。

今の市場動向を見ますと経口薬が増加して注射薬はさほど伸びていません。注射薬は非常に歴史があって私どもにとっても長年手掛けてきた中心的製剤ですので、やはり今後もこれに注力していこうと考えています。これはもう少し先の話になりますが、次なる新工場を建てようと計画を進めているところです。

やはり、即効性という面でも注射薬は効果がシビアに現れます。それと抗生物質製剤は注射薬が圧倒的に多いですから、当然院内での使用も多いということになります。これが注射薬にこだわる理由です。

——今までの会社経営の中でいろいろなご苦労があったと思いますが、ご記憶に

ある中で一番大変だったできごとを教えてください

　私が幼稚園児だった頃の火災です。これによって当時の主力工場や事務所などが全部焼失してしまいました。父や祖父も「このままでは事業継続は難しいだろう」と廃業するつもりでいましたが、社員の多くから「何とかもう一度やってもらえないでしょうか」といった強い要望がありまして、「そこまで思ってくれるなら、何とか頑張ってやってみよう」と復興の決断をしました。そして、大規模な火災を発生させたからには街中で工場を建て直すことはできないと考え、昭和44（1969）年に今の本社がある郊外の「矢地」に移転しました。もちろん地元住民の了解を得まして、新たな生産拠点を設けました。

　やはり経営者がいくら意気込んでも、支えてくれる社員らに強い勤労意識と高い理念がなかったら、今のわが社は存在しなかったと思います。

──そういうご経験がありますと、リスク管理に対して他人ごとのようには思えないのではないでしょうか。最近は大企業の不祥事が次々と明らかになってきていますが、社長から見てどのように感じられますか

　そうですね、現場を見ずに机上の理論や理想論だけで会社運営をしていることや、大手企業ですと100年以上の長い歴史がありますから、代々受け継がれてきた伝統的な習慣をその局面で急に変えられないということが背景にあったのだろうと思います。これがオーナー企業ですと強力なトップダウンの指示により変えるということをやるのですが、大会社ですと思い切ったドラスティックな変革ができないのだと思います。当然のことながら分かってはいるけれども急には変えられず、そのままずっと申し送りで来てしまったというのが現状ではないでしょうか。

　私も入社前は大手の製薬会社に勤務していましたので、こちらに戻った時はいろんな面でギャップを感じました。私が常務になった時は上席に社長や専務もいましたが、「小林化工は伝統的にそのようにやってきたけれど、今の時代では適応しないでしょう」と遠慮なく進言しました。コンプライアンスやガバナンス、そして人事管理の面も含めて、どこかでけんかをしてでもチェンジしていく時期がないと会社は変わらないと思います。決してオーナー企業だからやりやすいというものではないかもしれませんが、思い切ってやるということが改革となって

ポジティブな事業発展につながるのだと思います。

──なるほど、そうした変革は常務時代に多かったのでしょうか、それとも社長になられてからでしょうか

　常務時代ですね。かなりの頻度で「それではダメだ」ばかり言っていました。特に人事面において多かったと思います。私も前職の製薬会社で労働組合の役員を経験しましたので、一社員として会社のトップと団体交渉の場で面談したことがありました。ですから、「労働者サイドとしての要望はこうだ」といったことが社員側の立場からよく理解できるのです。立場は役員である常務でしたが、変えるべきことは積極的に社長や専務に進言して、いろいろな部分を改革しました。時代の変化とともに柔軟に変わらないと生き残れません。

──いいお話を聞かせていただきました。さて、ジェネリック医薬品業界が飛躍的に発展する中で、御社も過去10年間で大きな変化を経て成長されてきたわけですが、そのきっかけとなった起点をお聞かせください

　国内市場において、これだけ短い期間でジェネリック医薬品の数量ベースが上がるとは私にとっても想定外でした。先を見越して具体的な対応に取り組み始めたのが平成10（1998）年頃になります。

　まず一つは製剤開発です。先発製剤においてもいろいろな欠点、例えば患者さんが服用しづらいといったウィークポイントがありましたので、それらを改良した製剤を出せたらいいと考えました。医療用医薬品のビジネスはB to Bではありますが、患者さんから「あの会社の薬はとても飲みやすかった」との声が方々から上がれば、それが業界内における企業評価の向上になると思ったのです。

　もう一つは、販売数量の伸びを想定してタイムリーに工場の建て増しを進めたことです。今振り返りますと、誠に運が良かったのです。まず矢地工場を建て、次に清間第一工場を建て、昨年は清間第二工場を建て、それと並行してラインの増強を推進しました。

　実は、矢地工場を建てた平成17（2005）年度の年間売上高は約20億円でした。それくらいの企業規模だったにもかかわらず、売上高相当額の工場投資を主張する私に対して社長をはじめ役員が大反対をしました。理由は、「それだけ過大な

PTP充填

流動層造粒乾燥機

投資をして、この先それだけの投資対効果が見込めるのか」ということでした。しかし私には、「製造のキャパシティを右肩上がりで整えていかなければ、いくら政府が旗を振ってジェネリック医薬品の使用促進をしても、わが社はシェアを確保できない」という考えがありました。やはり前もって製造のキャパシティを拡大しておくべきであり、そこでさらに付加価値の高い製剤を生み出していけば、発展が期待される市場においてメーンのプレーヤーでなくとも一目置かれる存在であり続けられるのではないかと考えたのです。今では、積極的に工場投資を続けてきたことが良い決断だったと自負しています。

——過大とも言える工場投資について、取締役会では反対も多かったと思います。マーケットの成長を先読みされたほか、この投資は絶対にすべきと判断された背景など具体的にはどのようなものがあったのでしょうか

　視線が海外、特に米国、そしてEUではドイツの方に向いていたということです。要するに欧米では先発医薬品の特許切れ後にジェネリック医薬品への切り替えが当たり前のように進められ、かなりのスピードで切り替えが進んでいました。時期こそ読めませんでしたが、そうした流れは必ず日本にもやって来ると私は確信していたのです。

　その当時われわれが仕入れている原薬製造業者は欧州のイタリア、スペイン、ドイツに数多くありました。当時の私は原薬がらみで欧州に出かける機会が結構多くありまして、現地で話を聞きますとドイツではジェネリック医薬品がどんどん市場に浸透しているとのことでした。イタリアなどは日本と同様に浸透こそしていませんでしたが、これから急速に伸びていくだろうとの観測がありました。

――視野を広くグローバルに観察することは大切ですね。御社では大手製薬メーカーと共同開発をされているとお聞きしています。私は研究・開発はとても大切な分野だと思っていますが、その導入に至った経緯や開発スタイルについて教えてください

わが社にも製剤開発に関してのノウハウの蓄積が多少なりともありましたので、初期の頃は主体的に製剤開発をし、独自の製品を作り上げていました。20年前頃から、Meiji Seikaファルマやエルメッドエーザイ、あすか製薬との共同開発が加わりました。各社は製剤の技術はもちろん、味やフレーバーなどの技術も素晴らしく、わが社にはないノウハウをたくさんお持ちで新薬メーカーには一日の長があると感じました。

つまり、付加価値のあるジェネリック医薬品を開発するために各社の知見やノウハウを共有して、これから競争が厳しくなる市場で先発医薬品を越えた一つ上のものをやっていきたいと思ったのです。

――そう考えますと、これからは先発市場との問題も出てくると思いますが、御社はどのような方向性を目指しておられますか

わが社は今後、経口剤の抗がん剤領域に力を入れていきます。この領域は毎年のようにパテントが切れてきますし、わが社では抗がん剤製造のためのオンコロジーセンター（独立した陰圧制御の専用製造施設）を持っていますので、この分野をしっかり追究していこうと考えています。

もう一つはバイオシミラーに対する取り組みですが、これについては否定的な見解です。そもそもバイオシミラーは開発投資が相当かかりますし、これを今の国内市場への展開だけで考えますと非常に厳しいビジネスだと考えています。これが海外市場も含めた展開ならば採算は合うと思いますが、投資対効果を考えますと薬価設定の部分も含めて厳しいだろうと思われます。やはりシミラーは同等品ではなく類似品という意味ですから全く同じではないわけです。仮に先発メーカーがバイオの分野において、AG（オーソライズドジェネリック）的な製剤を手掛けた場合、市場は経口剤以上に先発メーカーが握るのではないかと危惧しています。

――これまでの御社の成長過程は、単に国による市場拡大政策が追い風になっただけでなく、独自の差別化や並々ならぬ努力が功を奏したものだと思います。特に力を入れていることがございましたら教えてください

打錠機

　近年は営業関係を相当強化しております。つまりMR（医薬情報担当者）といったマンパワーの増強を図っているわけですが、それと同時に学術面や安全管理面などMRをサポートする部署を充実させています。

　あとは病院市場に向けた取り組み強化です。われわれも注射剤を持っておりますし、やはり病院市場がDPC（診断群分類、包括医療費支払い制度）対応のためにジェネリック医薬品への切り替えが進んでいますので、今まで以上に注力していくために病院での営業活動をサポートする部署を設けています。

　そして、これはまだジェネリック医薬品メーカーではほとんど導入されていないと思いますが、3年前からMR全員にiPadを持たせています。そこにすべての情報をインプットして、医師や薬剤師に対して正確な情報をタイムリーに提供することを徹底しています。特に病院からは多くの情報要求がありますので、機会損失がないよう対応しています。おかげさまで、医師だけでなく販売会社や卸からも高い評価をいただいています。

――国内では病院向けの営業を強化されておられますが、海外市場への取り組みについてはどのような状況ですか

　これも歴史が古くて昭和45（1970）年くらいから台湾で許認可を取り、今でも数品目の輸出を継続しています。その後は香港と韓国にも輸出を開始しましたが、既に香港は中止し、韓国については2品目のみ継続中です。かつては中国への輸出も検討しましたが許認可や契約上の問題が生じたため、うまくいきませんでした。近年はモンゴルやASEAN諸国を攻めています。特にミャンマーでは既に7

品目の許認可をいただいており、本年中には販路を確立し展開していきます。また、モンゴルは昨年8月より輸出がスタートし、今後許認可品目を増やしていく予定です。海外展開において大切なことは、いくら契約書でしばっても意味をなさないことが多く、いかに信頼できるパートナーとめぐり合い、そしてお互い腹を割って話し合い、妥協点を探れるかといった部分が重要かと思います。

——人材育成や採用といった面では、どのように取り組んでおられますか

　女性活躍推進法によりまして、各企業とも積極的に女性を正社員として採用し、管理職比率も上げるという流れにあります。しかし、わが社はかなり前から性別に関係なく雇用は平等に進めてきましたし、賃金体系も同等になっています。また、早い時期から女性社員を役職や管理職に登用しています。今でこそ国を挙げて推進していますが、今までわが社は当たり前のことのように取り組んできました。また、1年間の育児休暇取得も率先して導入しましたので、そうした取り組みが評価され、北陸ではわが社を含む福井県内2社が最も早く「えるぼし認定」で最も高い評価の「3段階目」を取得しました。特に当社の生産部門や品質管理部門は女性への適性があり、積極的に女性に従事していただいたという実態があります。

——女性の活躍だけでなく、リカレント教育によるシニアの活躍なども期待されています。高齢化や若手への技能伝承といった観点ではどのように対応しておられますか

　わが社の定年は60歳ですが65歳まで定年延長の制度がありまして、再雇用という形で勤めていただいています。その年代の皆さんは若い頃から培ってこられた高い技術をお持ちですから、引き続き力を発揮していただくことが可能になります。ですから、ほとんどの社員が65歳まで働いていらっしゃいます。

　技能の伝承につきましては、最近はすべてがシステム管理になっていますので、特別に技能を伝承するという作業はほとんどない状況だと思います。ただ一つ大切な考え方として、リスク・マネージメントではありませんが、「何か普段と少し違ったことが生じた場合にどうするか」といった対処能力が必要になります。長期間勤務してこられた社員は多種多様な経験をされていますから、「こうした

局面ではこのように対処すべきだ」とか、「クレームに対する改善はこうやるべきだ」などが分かっておられますので、そのような対応の手法は後進育成のためにも根付かせていく必要があると考えています。

——薬価改定など外部環境の厳しさがありますが、行政側に対してご要望はありますか

　国家財政の健全化という流れで国民医療費の削減が求められています。今後は団塊の世代が病むと医療費は増え続けると思われますので、われわれもある程度身を切る覚悟が必要です。一方、医薬品は主薬を入れ、いろいろな添加剤を加え製剤化をしたうえで、相当シビアな検査や品質試験を経て最終製品になっています。さらに市場に出た後もMRの情報伝達や副作用の情報収集などアフターフォローの費用が結構かかります。そうした観点から適正な最低薬価を設定していただければと思います。

——先発市場や原薬市場の動向が気になるところですが、社長の今後のビジョンをお聞かせください

　やはりわが社はジェネリック医薬品の専業メーカーですから、開発型企業として付加価値の高い製剤を開発し提供することが一番の使命だと思っています。ですから、社内の各セクションがマーケティングをベースに情報を共有し製剤や新たな剤形作りにチャレンジしています。

　例えば、グミのようなお菓子に小児用の成分を配合させて「グミ製剤」が作れないだろうかと考えてみたり、チョコレートに薬物を配合させた「チョコレート製剤」や高齢者向けの「オブラート製剤」、さらに先般大手の菓子メーカーからユニークなガムとして発売されました「噛んでいるうちに溶けてしまうガム製剤」など、従来にはない新たな概念の剤形を開発できたらと考えています。しかし、現実的には安定性の担保の問題や溶出性の問題など解決すべき点が多々あります。最終的には患者さんから「とても飲みやすかった」と評価されることが理想です。また、海外には簡単に水が手に入らない国がたくさんありますので、「水がなくてもスッと溶けて服用できる剤形、言うなれば究極のOD錠」ができれば、かなりのニーズがあるものと期待しています。

——これから先発薬の特許切れ品目が少しずつ減少していくようですが、そうした観点から今後の見通しについてお聞かせください

　そうですね。2020年頃まではまだ特許切れ品目がありますので、その頃までは新規のジェネリック医薬品を発売していけると思います。そこから特許切れ品目の少ない端境期がありまして、その先にまた糖尿病薬などの特許切れ品目が出てくると思いますが、そればかりを追い求めていてもさらなる会社の発展にはつながらないだろうとみています。

　ですから、既存の製剤であっても、もう少し改良してほしいという要望があれば積極的に取り組みます。例えば、液剤化して飲みやすくするとか、小児用剤ですと味の良いドライシロップ剤を追求してみるとか、そうした付加価値を狙える余地がまだまだあると思っています。日々開発部門からテーマは上がってきていますが、とにかく今は新規品目の開発を優先しており、労力がそちらに割かれてしまい既存の製剤改良にスポットが当たっていないのが現状です。しかしながら、改良を加えた新たな付加価値製剤を出し続ける展開がわが社の目指す方向であり、その結果、多くの患者さんの治療にも貢献できると確信しています。

——本日はお忙しい中どうもありがとうございました。

Top Interview 20　　　　　　　　　　　取材日：平成30（2018）年2月

最先端の素材とレーザー加工技術を生かし、
世界最高峰の眼鏡や医療機器を提供する
～地球規模の発想で常に新しい夢に挑戦を続け、
　　　　世界の人々に安心と喜びを提供する～

株式会社 シャルマン　代表取締役会長
堀川　馨 氏

会社情報
【本　　　社】 福井県鯖江市川去町6-1
【設　　　立】 昭和43（1968）年1月
【業務内容】 眼鏡フレーム、サングラスの商品企画・デザイン・製造及び販売、医療機器の開発及び製造・販売

――はじめに御社の創業経緯をお聞かせください

　わが社の創業は、兄が眼鏡部品の一つであるリベット鋲（フロントと蝶番、テンプルと蝶番をかしめる飾り鋲）の製造を始めた昭和31（1956）年になります。昭和36（1961）年に兄が病気で仕事ができなくなり、繊維商社で働いていた私は急きょ退職して堀川製作所を引き継ぐことになりました。社員12人程度の零細企業でしたので、月商は67万円、勤務時間は朝7時から夕方6時まで、休みは月に1日と15日の2回だけという厳しい経営環境でした。

　当時の眼鏡業界は、東京・大阪・福井の3カ所に大きな産地がありました。東京は高級品、大阪は輸出用の低価格品、福井はどちらかと言えば中価格帯から低価格帯とそれぞれ棲み分けができていました。私は技術者ではありませんので、販売に力を入れ、東京や大阪に販路を拡大しました。福井の部品メーカーとして東京に進出したのはわが社が最初になります。

――リベット鋲は本当に小さな部品ですが、1個当たりの納入価格はいくらでしたか

　東京の眼鏡は高級品ですから同じようなリベット鋲でも福井で1個1円なら東

京では1個5円で売れました。その違いはリベット鋲の表面に金が張ってあるか ないかです。とにかく金張りを施すだけで1個当たり4円ほど高値で売れるので す（それでも現地価格の1割安）。これが業績回復に大きく貢献しました。

　当時は高度経済成長期に入ろうとしていましたので、東京の眼鏡産地は量産し なくてはなりませんでした。しかし現状の体制では部品の供給が間に合いませ ん。そこへ福井から部品メーカーの堀川製作所がやってきて安定供給を約束した のです。わが社とすれば高価格の金張り商品が売れるので非常にラッキーでし た。また、取引先の眼鏡メーカーはどこもセルロイドフレームを作っていました ので、テンプルの中に入れる芯金も必要でした。それならリベット鋲に加えて芯 金も作って売ればいいと考えました。

　東京の次は大阪を開拓しました。当時大阪では輸出用の低価格の商品を量産し ていましたので、福井と比べものにならないくらい量がまとまりました。これら 3つ産地に取引先を拡大したことでわが社の生産量は予想を超えて急増しました。

──部品だけの事業を眼鏡フレームにまで拡大された際に、セルロイドを通り越 して一挙にメタルを選択されました。それはどのようなお考えがあったからですか

　そうですね。セルロイドの時代がさらに続いていたとしたら、わが社はメタル の部品加工を主としておりましたので、総合眼鏡フレームメーカーになることは なかったと思います。幸運にもフレームの流行がセルロイドからメタルに変わり ました。つまり、部品すべてがメタルで作られていますので、それら全部を自社 で作ろうと考えました。それぞれの部品を組み立てて溶接すれば一つのメガネフ レームが完成できるのです。

　昔ながらの下請け企業は受注生産ですから経営としてはやりやすいのです。反 面、眼鏡業界が不況になると注文が来なくなるリスクを抱えています。信じられ ないかもしれませんが、仕事がなくて、全社員が一斉に工場内の敷地の草むし りをしたことがあります。ですから、これから事業を拡大していこうとする中で、 このような危険な状況に陥ることを回避するためには下請け体質から脱皮しなく てはなりません。そのためにすべての部品を内製化することにしました。ところ が、その眼鏡フレームを地元や東京・大阪の産地問屋に販売しますと部品の取引 先の販売先にわが社が割って入ることになります。これでは今まで堀川製作所を

育ててくださったお客さまに対して義理を欠く行為になりますので、問屋関連への販売をやめて直接小売店に売ることにしました。それが製造直販のシャルマンであり、8年前に堀川製作所と合併して今のシャルマンになりました。

——問屋を通さずに直接小売店に販売した場合には小売店側にメリットはありますか

　眼鏡には特殊性がありまして、フレームとレンズと検眼行為があって初めて製品になります。目が悪いから日常的に眼鏡を掛けるわけですから、消費者が一番困るのはまず眼鏡が壊れることです。それは小売店も同じです。強度の眼鏡をかけている人はたちまち日常生活に支障が出て、車の運転すらできなくなります。私どもは部品を製造しておりましたので、眼鏡が破損する場合にはどこに原因があるのかが分かる立場にありましたから、それをどこよりも重視したデザイン、商品開発を行いました。

　もう一つは、眼鏡は多品種小ロットで、サイズやカラーなどのバリエーションがとても多いのです。そこで私どもはできるだけ小売店に在庫を持ってもらわなくてもいいように、すべての在庫をわが社が持つ即納体制の仕組みにより小売店側の負担を軽くしました。しかも壊れにくい眼鏡が壊れてしまった際には、どこよりも早く修理できるようにしました。直販ならではの迅速な対応がそれを可能にしました。そのためにカスタマー・サービスを充実させました。小売店は土曜日や日曜日、祭日が一番忙しいのに、その日はメーカーも問屋も休んでいます。それが小売店にとっては一番困るのです。今は18人の女性がローテーションを組んで、12月30日から1月3日までの5日間だけ休み、それ以外の360日はいかなる問い合わせにも対応できるようにしています。わが社のシステムはかなり進んでいまして、受話器を取った時にお客さまの情報が表示され、在庫や修理などの問い合わせにも素早く応答できるようになっています。そうしたシステムを小売店のために構築し、直販体制を1年で北海道から沖縄まで全国に拡大していきました。実はそれを始める前に北陸銀行さんにメーカー直販の新しい流通システムについて相談に行きました。すると「堀川さん、北陸銀行がバックアップしますから、その新しい販売システムと直販体制をぜひやりなさい」とアドバイスをしてくださいました。もし「リスクが大きいから、やめておいた方がいい」と言わ

れたら、私はきっぱりやめていたと思います。

――なるほど、そうですか。それから数年を経て輸出を開始されましたね。海外に輸出しようと思い描かれたのはどういう背景からでしょうか

　私は初めからわが社の眼鏡を世界へ売りたいという大きな希望を持っていました。最初に進出した先はアジアです。シンガポール、タイ、香港の観光ツアーに入って、初めてアジアの国々を訪れました。他のツアー客が観光している間に私は事前に調査しておいた代理店候補のところを訪問し、営業活動を行いました。輸出を開始して今年で38年ほど経ちますが、その時に契約したシンガポールの代理店は今も続いています。わが社の代理店になれば、すべてのわが社の商品がその国において独占販売できるようになっています。そして在庫はわが社が持っています。その代わりに「この市場では1年でこれだけの製品を売ってください」と年間販売数量を約束してもらいました。

　従来はドイツ、フランス、イタリアの眼鏡がアジアの市場を支配していたのですが、欧州製はアジア人の顔のサイズに合っていませんでした。わが社は日本人用に開発していますのでアジア人の顔にピッタリと合います。また、欧州の眼鏡はメッキの質が良くありませんでした。気候が高温多湿ではありませんので、厚いメッキを施さなくても錆びなかったのです。しかしアジアで使用しますとすぐに錆びることがありました。日本のメッキ技術はその頃から金メッキの下地にパラジウム・ニッケルを付けたことで、メッキの耐蝕性がうんと向上しました。そしてメタルフレームは鼻の高低に応じてパッドの調整ができますので、メタルフレームが持つ「フィッティング」「錆びない」「アジア人の規格に合う」といった有利性により販売は順調に拡大していきました。

――その後は米国や欧州へと販売網を拡大されました。その経緯を含めて御社の海外展開についてお聞かせください

　アジアで軌道に乗った2～3年後の昭和57（1982）年に米国に進出しました。アジアと同じように代理店営業を考えていたのですが、誰も代理店になってくれませんでした。当時の米国では日本製の眼鏡は安かろう悪かろうというイメージを引きずっていました。販売価格は日本国内の約半分でした。国内商品と比較し

て価格が半値でしたので、どうしても品質が悪くなりがちでした。メタルフレームよりもプラスチックフレームの方が圧倒的に売れていました。しかも当時の日本には十分なプラスチックフレームの製造技術がありませんでしたので、ドイツから技術導入いたしました。この時も米国進出について、北陸銀行さんに相談に行きましたところ、「御社がニューヨークに現地法人を作って販売されてはどうですか」とニューヨーク支店を紹介してくださいました。それまでニューヨークに販売会社を作ることなど夢にも思っていませんでした。早速ニューヨーク支店へ出向き、「とにかく米国に進出したい。北陸から進出して成功している企業を紹介してください」とお願いしました。すると石川県松任市（現白山市）に本社がある陶磁器メーカーさんを紹介され、私は現地の支社に出向きました。同社を訪ねましたら「シャルマンさん、米国への進出をお勧めしますよ。わが社のセラミック製品は重くてかさ張るし値段も安い。日本から米国へ運ぶのにパナマ運河を経由して船便で１カ月以上もかかります。しかし御社の眼鏡は軽くてコンパクトで値段も高い。航空貨物で送ったら１週間で届くと思います。このような良い商売はありませんよ」と勧められ、私も若かったので米国進出を決断しました。私は現地で５人のセールスマンを採用し、メード・イン・ジャパンの品質の高さをアピールしながら営業基盤を確立していきました。

　次にドイツのミュンヘン、それからフランスのパリに進出しました。わが社で

は現地で育った優秀な人材を次の新しい現地法人の社長として配置しました。現地で1年くらいしか経験がない社員を次の進出先の社長に抜擢したのです。その後、プラザ合意で急激な円高が進みましたので、そのリスクヘッジのために中国に工場を持ちました。中国でレンタル工場を借りて実際の製品を作りながら中国人社員に技術を教えていきました。その中国人技術者が次の若い中国人を育てて、中国の工場を軌道に乗せました。

——壊れにくく掛け心地の良い御社の眼鏡は、世界でかなりの販売シェアを占めているのではないですか

　5年前までは欧州のラグジュアリー・ブランドのシェアが長期にわたって上位を占めていました。それ以降の5年間はわが社の「ラインアート」のブランドを中心に新しい素材の眼鏡が高いシェアを占めています。それはわが社が掲げる眼鏡のコンセプト「掛けた瞬間に違いが分かる」「軽くて、フィット感がよく、ズレない」を体感していただいているからです。つまり、掛けた瞬間にきちんとフィットして、掛けている感じがしないということです。最近のテレビ番組の中で有名な経営者やドクター、エコノミスト、さらに日本のノーベル賞受賞者のご夫妻や皇室の方々にもご利用いただいているのを見かけますと、昨今はわが社の製品の露出度が割合高くなっていますので非常に喜んでいます。

——「軽くてフィットして、掛けている気がしない」と感じさせるのは、新技術を開発された結果だと思います。自社開発されたとお聞きしていますが、成功までの経緯をお聞かせください

　眼鏡に最適なこれまでにない形状記憶合金という新しい材料を開発しましたが、スタートから製品化まで8年もかかっています。実は6年半が経った段階で私はギブアップ宣言を出しました。するとそれを耳にした研究員が「あと半年だけ待ってください。何とかそれらしきものができる自信があります」と直談判してきたのです。その時は「6年半も待ったのだから、あと半年は待とう」と腹をくくりました。すると、約束どおりにそれらしきものができてきました。既に形状記憶合金はこの世にありましたが、眼鏡を作るには非常に難しい材料だったのです。要するに大事な個所でバキッと折れてしまい、破断面がかなり鋭角に折れる

ため掛ける人を傷つける危険性がありました。途中、その開発担当の研究員は米国の大学で2年間勉強しましたが、残念ながら成功せずに戻ってきています。

そうした時に、「東北大学金属材料研究所」で新しい形状記憶合金の開発を進めているという情報が入りました。すぐに当の研究員を派遣し、平成21（2009）年には「エクセレンスチタン」という初めてニッケルフリーの形状記憶合金の共同開発に成功しました。それを使った眼鏡を発売しますと、東北大学の総長さんがわが社にふらっと来られました。訪問された理由をお聞きしましたら、「新しい素材の開発は極めて成功例が少ないのです。その素材を使って、人間の体の中で一番目立つ顔のど真ん中に使う製品を作られたことは東北大学にとっても誠に名誉なことであり、共同開発者としてどのような工場で作られているのかぜひ拝見したかったのです」と説明されました。新しい素材開発の成功率はわずか1ケタ台だと聞いて私も大変驚きました。

——最高級の素材を目指し、世界のトップを目指すという強い信念があったからこそ素晴らしい成果に結びついたわけですね

ほぼ同時期に福井県がコラボレーション事業に参加する企業を募集しておりまして、それに賛同し「ふくい産業支援センター」や「大阪大学」と一緒にレーザー溶接技術の開発に取り組みました。これもまた実を結び、その溶接技術と新しい素材の特性を生かした素晴らしい製品が仕上がりました。わが社には常に新しいものを求めて挑戦していくという精神が社風としてあります。そしてライセンスブランドに依存するのではなく、「掛け心地が良くて型崩れしない眼鏡」という切り口で今までと違ったセールスポイントを探そうとしていました。それが見事に実現したのです。

2つの産学官のコラボレーションによって「エクセレンスチタン」と「レーザー溶接技術」が開発され、そこから生まれた「ラインアート」は日本のトップブランドの一つになっています。

平成28（2016）年には、大学などの独創的な研究成果を優れた技術で実用化した企業と研究者をたたえる「井上春成賞」を受賞しました。これを励みに産学官のコラボレーションによる研究開発を続けていきたいと考えております。

——イノベーションは非常に大切なことだと思います。「エクセレンスチタン」や「レーザー溶接技術」のほかにどのような研究開発をなさいましたか

　掛け心地が良く顔にぴったりフィットする眼鏡作りは、材料だけでは成し遂げられません。私どもは当時筑波にありました産業技術総合研究所の「デジタルヒューマン研究ラボ」と一緒に8年ほどかけて日本人の頭の骨格を徹底的に研究しました。また、世界中に眼鏡を販売していますので、さまざまな人種についてどのような眼鏡を作ったら一番フィットするかを研究しました。具体的には自分たちで骨格のモデルを作り、眼鏡をかけた場合にどういう圧力がどのようにかかるのかをデータから把握しました。そのためのシステムを自社開発しました。

　つまり、新しい素材や技術は偶然に生まれたわけではないのです。今はサングラスも含めて年間600もの新しい眼鏡のモデルが生まれています。エクセレンスチタンを使うことで、それぞれに形状を記憶させるための新しい金型治具などが必要になります。わが社では眼鏡を作るだけではなく、そのために必要な金型や治工具、それから専用機などすべてを内製化するという伝統が根付いています。ですからわが社には普通の眼鏡メーカーにはない高性能な設備がいろいろ揃っています。また、わが社の技術者に精密金属加工の知識がありますので、それが医療分野における手術用機器の開発に生かされたということです。

——世界一切れるという手術用ハサミが誕生するまで、いろんな面で紆余曲折やご苦労が多かったと思います。そのあたりを教えてください

　わが社のハサミは眼鏡の加工技術の延長では作れません。医療機器に取り組んで1年半が経過しても、ハサミだけは大学の先生から、なかなか納得のいく評価をいただけませんでした。わが社の技術陣もギブアップをしましたので、私は大野市にあります理・美容ハサミの国内トップメーカーの門を叩きました。ハサミは非常に大切な手術の道具です。そのメーカーにわが社で作ったハサミの仕上げをお願いしましたら「当社は理容や美容のハサミを作っていまして、しかも国内外の技術コンクールに出るような人たちがオーダーをしてくる会社です。用途が違いますので医療用ハサミの仕上げはできません」とはっきり断られました。仕上げさえそのメーカーにお願いすれば切れるハサミができあがると勘違いしておりました。私は最後の救いを求めて訪問したのですが、やはりダメかとがっか

Top Interview 20　株式会社 シャルマン　堀川 馨氏　173

りしました。すると「そこまでお困りならハサミはなぜ切れるのか、その理論を教えてあげましょう」と社長さんが言ってくださいました。ハサミが切れるには、切れるための理論がありました。さらに「ハサミを作るために必要な機械器具やいろんな研磨剤について全部教えてあげますよ」とありがたいお言葉をいただきました。とにかく理論を学ぶのにトータルで数十時間、毎回3時間の勉強を繰り返しました。

　わが社の手術用ハサミがよく切れるのは理論に即して作られているだけではなく、先端部分に使う材料に大きなノウハウがあります。鯖江の隣に武生という町がありますが、そこは700年の歴史を誇る「越前打刃物」の産地です。そこの材料メーカーから「ハサミを作るなら、この特殊鋼を使いなさい」とその材料をハサミ用に加工し提供してくださいました。それを持ち帰って5軸のマシニングセンタで加工し、レーザー溶接をして遂に手術用ハサミを完成させました。つまり、適材適所に4種類の素材をレーザー溶接することで、今までにない切れ味の世界初の高機能なハサミが完成したわけです。これを福井大学医学部の先生に見せましたら、脳外科で使うすべてのハサミをわが社の製品に切り替えてくださいました。それが世界的に有名な「神の手」で知られる脳外科医の先生にも伝わり、すべての手術機器120〜130種類の注文をもらうことができました。

――最後に鯖江のリーダー企業として今後どのように産地を発展させていこうとお考えでしょうか。その思いをお聞かせください

　わが社は世界100カ国に眼鏡を販売しているわけですから、眼鏡で築いたグローバル市場におけるネットワークやノウハウを生かして、将来的には世界に鋼製小物を販売していきたいと考えています。

　それとともに地方創生を目標に鯖江で新しい産業を育てていきたいと考えています。何もない地域にパッと新しい産業など生まれません。今までの固有技術を

生かして、新しい分野に進出したりすることで地域産業の発展を目指します。そのためにはメガネで培った製造販売への総合力を生かして、医療機器に進出するアンカー企業として先導役を務め、業界の方々が少ないリスクで医療への軌道に乗せることができれば素晴らしいことだと思います。

　３年前に安倍総理が来社されました。日本の地場産業が全般的に縮小傾向にある中で、眼鏡産業が新しい分野に進出し成功事例を作れば、他の業種の方々にも何か力づけになるのではないか、とわが社を激励に来られたのです。

　医療機器づくりは眼鏡の加工技術と少し違った医療独自のノウハウが必要です。わが社は６～７年かけてそれらを勉強してきましたので、医療分野へ進出される皆さんにこういうことを教えることができるのです。

　鯖江の産業がさらに発展していくためにお役に立てればと思います。

――本日はお忙しい中どうもありがとうございました。

Top Interview 21

取材日：平成30（2018）年6月

時代やニーズの変化を察知し、知識・技術・情報・ネットワークを駆使したオリジナルサービスを創造する
～お客さまにとっての最適を追求する～

三谷産業株式会社　代表取締役社長
三谷　忠照氏

会社情報
【本　　社】石川県金沢市玉川町1-5
【創　　業】昭和3（1928）年2月
【設　　立】昭和24（1949）年8月
【業務内容】情報システム、樹脂・エレクトロニクス、化学品、空調設備工事、住宅設備機器、エネルギー

——では、創業当時から受け継がれている御社のDNAについてお聞かせください

　私の祖父・三谷進三が17歳くらいのころ、福井市に拠点を置く三谷合名会社の金沢出張所を任され、数名の社員とともに今の三谷産業の礎を築きました。主な事業は大手の燃料会社から石炭を調達し、北陸の機械メーカーや鋳物工場など多くのお客さまにお届けすることでした。当時のエピソードが今もわれわれのDNAとして残っておりますので、そこから3つお話ししたいと思います。

　一つ目は、「石炭を10トン持ってきてほしい」と注文を受けたのに、そのとおりに対応しなかったことです。キューポラ（溶解炉の一種）などに関する知識を持ち合わせていた祖父は、発注したお客さまの生産設備や工場の規模、さらに生産計画やボイラーの型式などさまざまな要素を確認して、「これならば10トンも必要ありません、6トンで十分だと思います」と4トン少なく届けていたのです。要するに、ここにエンジニアリングを取り入れて、独自の計算方法に基づいてお客さまにとっての最適な量を追求したわけです。結構お叱りを受けましたが、その計算には絶対的な自信がありましたので「6トンで十分です。足りなくなる前にまたお渡しできますから」と説明することで次第に認められるようになりました。その結果「三谷の言うことを聞いたおかげで膨大な貯炭場が必要なくなっ

たし、財務諸表もどんどん良くなった」と感謝されるようになったのです。

当時の主要なエネルギー源は石炭でしたが、「貯炭場の空いたスペースに何か別の生産設備を置きませんか。節約したお金で別の投資をしませんか」というように次のビジネス

石炭の配送基地

につながるような提案をしていきました。このように、お客さまにとって最適なものを追求していく精神がわが社のDNAだと思っています。

最近の事例では、「在庫管理のシステムを入れたいので見積もってほしい」と依頼されても、「本当に在庫の管理が課題なのだろうか」とお客さまの工場設備や製造スケジュールなどを見せていただき、実は作り過ぎていることの方が問題だと確認できれば生産管理のシステムを提案するようにしています。

他社にも見積りを依頼されていると思いますが、「三谷産業の提案は、他とはちょっと違うね」と付加価値を感じていただけるように取り組んでいます。

二つ目は、創業したころ石炭の粉を高い筒状のタワーに通し、空気と反応させて硫黄を作るメーカーがありました。その会社では燃えなかった石炭カスが山のように積まれて大変お困りの様子でしたので、祖父は「カロリーはあまり残っていないだろうが、それでも燃料として使える可能性がある」と考え、当時としては珍しい手法だと思いますが無料サンプル付きの通信販売で練炭工場などに販売したのです。かなり工夫されたアイデアだったと思いますが、「お客さまの困りごとを解決することが商売になる」と確信を得た瞬間だったと思います。

三つ目は、富山県に大手化学品メーカーの工場が建つという時に、本来なら工場が完成してから石炭の売り込みにうかがうところ、祖父は工場が建設中の時に石炭を入れさせてほしいと東京本社までセールスに出向いたのです。その際に先方の担当役員から「三谷君はわが社の株を持っているのかい」と問われて、「持っていません。どういうことでしょうか」と聞き返しますと、「企業と企業は互恵関係の上に成り立っているんだよ。三谷君がわが社の株を持ってくれれば、そこで一つの互恵関係が生まれるから取引してもいいよ」と言われたそうです。それ

を聞いた祖父はすぐに証券会社まで株を買いに走り、翌日「株式を買わせていただきました」とその担当役員に報告したところ、その素早い対応を意気に感じてくれたのか、先方が必要とする全量を買ってくれることになりました。また、戦時中に石炭が統制物資となった際に「化学品を売ってみないか」と声を掛けていただいたことが、事業の幅を広げるきっかけとなりました。

AIT社 オフィス

　わが社は今まで、お客さまの最適を追求すること、互恵関係を大切にすること、人よりも先んじて動くことなどの大切さを学び実行してきました。現在の6事業のセグメントすべてにおいて、祖父の時代から「お客さまの困りごとを解決し、お客さまにとっての最適を念頭に付加価値の高いサービスを提供する」の考えが原点になっているのだと思います。

――おっしゃるとおり御社はエネルギー事業や化学品事業をベースにお客さまの困りごとを解決する道を歩んでこられました。その過程において、化学品の物流の合理化やお客さまに付加価値を提供するには技術や知識などが必要になったため、「エンジニアリング商社」としてやってこられたのだと思います。その後、御社の事業展開に大きな影響を与えたできごとはありましたか

　石炭の需要が旺盛な陶磁器メーカー（ニッコー㈱）の再建に携わったことが大きな転換点だと思います。同社は大正初期から朝鮮半島に工場があり、それが敗戦で接収されたため経営が急速に悪化しました。そこで紆余曲折があったようですが、石炭を納入していた祖父が社長を務めることになったのです。それから祖父は欧米に販路を見出そうと同社製の食器を携えて米国へ渡ったのですが、目にしたものの中にコンピュータをはじめガソリンや空調機器のクーラーや暖房、さらに水回りのキッチン設備など珍しい製品がいろいろとありました。その時、「これらは日本で広めていく価値がある。われわれのお客さまにとってもお役に立つはずだ」と考え、今から半世紀ほど前ですが多角化に舵を切り始めたのです。お

そらくその再建会社の社長に就任していなければ米国に出張する機会はなかったかもしれませんし、そこで見てきたものを日本のお客さまにお届けすることもできなかったでしょう。

――米国での気づきをもとに新規事業を立ち上げられ、その後は株式の上場やグループの拡充を行いベトナムに進出されました

　名証二部に株式を上場したのが30年前です。その年はわが社の売上高が500億円に達し、創業60周年という記念すべき年でした。その時の「売上高1000億円企業を目指そう」という祖父のメッセージが今も残されていまして、やはり大きく飛躍したいという思いがあったからこそ上場に漕ぎつけられたのだと思います。

　ベトナムには24年前から進出していますが、祖父は初めは反対していたそうです。昭和の時代から「商社不要論」が繰り返し唱えられてきましたし、祖父は石橋を叩いても渡らないくらい慎重な人だったと聞いています。それとは対照的に当時の社長は「とにかくやってみよう」を信条とする父でしたから、他の役員から反対されたにもかかわらず、ベトナムのポテンシャルに惚れ込んで進出することを決断しました。ベトナムに焦点を当てたきっかけは勉強会だったりツアーだったりと聞いておりますが、今では売上高の2割以上はベトナムでの事業が占めておりますので、社長だった父に先見の明があったのだと感じています。

　実はビジネスがしやすい地域としてベトナムのほかにタイも候補に挙がっていました。しかし、タイにはすでに日本から数百社が進出していて、一方でベトナムはまだ数十社と少なかったのです。新しいチャレンジをしようと意気込むパイオニアの立場でしたので、参入企業の少ない国の方がいいという判断もありましたが、何と言ってもベトナムの人たちの目の輝きに魅せられたということです。

――その後はベトナムで会社をいくつか立ち上げられ、昨年は富士通の子会社に出資してグループ化されました。そのあたりのビジネス展開について教えてください

　AFCP社がベトナムの生物資源であるエビやカニ、カシューナッツなどの殻を原料として、健康食品・サプリメントや家畜用飼料に向けた機能性素材の有効成分を抽出・活用する事業をしています。そして、ABCD社とADMS社が自動車用

ベトナム リバーサイド

の樹脂成形品を製造しています。

　わが社は富士通様の販売特約店として52年の実績があります。今から30年ほど前、大阪に富士通製コンピュータの基板を作るメーカーがありまして、そこに化学品を届けていました。その工場が大阪からベトナムに移転することになり、生産拠点を丸ごと移したのが電子製品技術を持つFCV社です。これを機にベトナムでも化学品の商社としてやってくことにしました。昨年6月にはこのFCV社の出資持ち分の半分超を取得して三谷産業グループの一員になってくれています。

　こうした事業展開によってメーカー機能も持つ企業になりましたので、国内の6つの事業セグメントがベトナムにおいてどのように活躍できるかを考えました。例えば情報システム事業部だったらオフショア開発の拠点を出したり、空調や住宅設備の部門なら図面を描く会社を立ち上げたりして、さらに各社が日本国内の仕事を単に受けるだけではなく、他社と直接取引ができるケースを少しずつ増やしていきました。いわゆるサテライト的な役割に終始せず、現地の企業が独立したメーカーとして機能していけるようにしたのです。設立してきたベトナム各社の社名には共通して「Aureole（オレオ）＝フランス語で栄光の意味」を付け、一体感を持たせています。

――メーカーとして樹脂をベースに多彩なアイテムを作るようになられましたが、自動車用部品に参入されたきっかけとはどんなところにありましたか

　広島県には樹脂成形関連の技術者が大勢いらっしゃいまして、それまで商社と

して樹脂の売買をしてまいりましたが、あるタイミングで技術者が社内に揃い、樹脂成形のビジネスに乗り出せるのではないかと考えたのです。初めから自動車用部品が多かったわけではなく、樹脂成形の幅広い分野を対象に取り組んできたところ、やはり高機能で高性能な部品を作ろうということで、自ずと自動車産業に重点を置くようになりました。大手自動車用部品メーカーからも仕事をいただきながら「ここまでやってくれたら任せられる」と信頼され、注文をいただく範囲が少しずつ広がっていきました。背景には自動車メーカーにおいて東南アジア（販売・製造拠点）で部品の現地調達ができる範囲を広げたいという狙いがありましたし、部品も次第に軽量かつ高性能なものが求められるようになり、今は電子部品と樹脂成形品を組み合わせた複合ユニット製品の注文が増えています。近年はそれに対応するためにFCV社との共同出資によりADMS社を設立し、今は富士通グループとのコラボレーションにより付加価値の高い製品づくりをしています。

——御社のこれまでの歴史をお聞かせいただきました。現在、御社は３つの事業拠点と６つの事業分野でネットワーク経営をされていると思いますが、事業の中身に対する社長のお考えをお聞かせください

　今もお客さまから「コンピュータは本業ではないですよね」とか「化学品が本業ですよね」などと言われる場面が時々あります。しかし、私どもにとってはすべてが本業ですし、すべてに投資活動を続けてきているのです。それでも「どの事業が」と聞かれることもありますが、私は常に「すべての事業セグメントにおいて他の事業領域との重なりをうまく作っていきたい」と答えています。

　例えば、ICTの世界と空調や住宅設備などの空間づくりのビジネスがうまくつながり重なるようにできないだろうか、化学品やエネルギーの分野と樹脂成形事業はどう入り交わることができるのか、つまりこうした事業分野横断型の仕事や課題解決ができるような会社になっていきたいと考えています。と言いますのは、やはり今でもお客さまにとっての最適というところは変わっていなくて、例えばIoTというキーワードがよく出てきていますし、AIでフィジカルな空間の多様なものを判別・認識・理解させようとする動きが分野をまたいで出てきています。最近の事例を紹介しますと、わが社のデータセンターは石川県にあり、そこ

で清水建設様と一緒にクラウドサービスを立ち上げています。データセンターといえば、北陸コンピュータ・サービス様には「劔データセンター」がありますし、金融機関やクラウド事業者などもセンターを持っています。データセンターの中には必ず空調があります。センター内の温度を最適に保つためには空調にかかる電気料金がかなり高額になる傾向にあります。最近は発熱量が増える一方でサーバースペースのラックは小型化しつつあります。実は空間に温度センサーを点在させることによって、わが社のセンターが個別のデータを収集し、「この状態なら1番と2番の空調機をオンにしましょう。3番はオンですがそこまでパワーをかけなくていいですよ」というようにAIが分析してセンター内の空間の温度をデザインしています。要するに、ICT分野が空調分野とつながっているということになります。

――クラウドといいますかIoTでつながっていますから、ベトナムにいようが金沢にいようが、遠隔地にいても問題なく目的の業務が遂行できるわけですね

そうです。私どもでは15年前から自社製の「POWER EGG（パワーエッグ）」という情報共有のプラットフォームを導入しています。遠く離れた国々のお客さまの状況はもちろん、「うちの社長、今日はA社の社長と会食らしいよ」みたいなことも見えるようになっています。社員一人一人が情報を発信する行為も必要ですが、社内に事業セグメントがいろいろある中でそれぞれの状況を共有するための基盤として活用しています。グループウエアやワークフローの分野では地方銀行の約3割にこの「POWER EGG」を使っていただいています。

――社長就任後、経営者として留意されていることはありますか

外部環境に左右されない体質づくりにエネルギーを注いでいます。つまり、「その瞬間のトレンドに振り回されることがない経営を心掛けている」ということです。

そして事業領域同士が「重なる・つながる」ためには、それぞれを構成している社員同士がうまくつながっていくことが大切だと思っています。例えば、平成30（2018）年入社の同期生たちはそれぞれの事業部やグループ会社に配属されますが、彼ら全員が集合して研修できる機会を作っています。研修なら部門単位で

182

もできますが、新人の時期だけではなく、同じタイミングで昇進した課長同期の社員たちが一緒に交わるような機会も作っています。もちろん部長を対象にした研修もあります。やはり、お互いがやっていることが見える、そして分かるようにすることが目的ですから、そうした機会を提供できるよう心掛けています。

——社内研修のお話が出ましたが、御社の働き方改革や人材育成方法などについてお聞かせください

「働きやすさ」だけでは「働きがい」は得られないと思います。どちらも必要な考え方なので、それらが両立できるよう腐心しています。その取り組みとして「ワークライフバランスの推進」「障がいのある方の積極的雇用」「社会貢献運動」などを進めた結果、今年2月に「金沢市はたらく人にやさしい事業所表彰」で初の特別優秀賞をいただきました。それなりに評価されていると思います。

今後は社員からのボトムアップで次々と新しいものが生まれてくる会社にしていきたいと考えています。例えば、事業部が横断的な仕事をする時の管理会計はどうあるべきか、企業としての制度はどうあるべきか、目標管理のあり方はどうなっていくべきかなど、今までのように経営陣が主導するばかりではなく、なるべく自発性を誘発するような仕組みや仕掛けづくりをやっていきたいと思っています。

先ほど研修について触れましたが、違う事業領域にいる同期の社員たち全員が全事業部門の全事業拠点を回れるようにしています。例えば、1年目の新入社員に3週間あまりベトナムに滞在してもらってグループ企業を回らせたり、その中で課題を与えたりしています。もちろん各事業部の社員だけでなくベトナムの社員も交わっています。ですから、研修や教育の場を充実させる一方で、一人前の社会人として自律的に知識を得たり知恵を絞ったりする機会を与えることにしています。その後は月次で成果を確認する中で、この1カ月間にどのような学びや気づきがあったのか、そういった対話を管理職と社員との間でうまく回せるように工夫しています。

——ベンチャー企業を経験された観点から、スタートアップのような社内ベンチャー的な展開や、社外のベンチャーと協業する新しいビジネスの展開などはお

考えでしょうか

　これはぜひともやっていきたいと考えています。例えば、コーポレート・ベンチャー・キャピタルのようなスキームをお持ちの会社があります。うらやましいなと思う半面、それが果たして私どもにとって本当にいいのかどうか少し考えていかなければならないと思います。誰しも新しいチャレンジをしてみたいという気持ちはあるでしょうから、社内のベンチャーやスタートアップのような新規事業をうまく立ち上げられる仕組みや仕掛けを今年度中に作ってやっていきたいと思っています。

　そのための準備室として今年から「事業開発室」を設置しました。そこでは、現在取りかかっているビジネスをどういう制度の上に成り立たせていけばいいのか、どのような姿かたちの制度であれば最も社員の皆さんを刺激できるのかを考えながら研究を進めています。

――私は個人的に化学の素材分野に大きな将来性を感じています。御社の生きざまにすごく合致しているように感じますし、本業のベースから出てくるものがかなりあると思います。今では炭素繊維やセルロースナノファイバーなど革新的な素材のほか新しい機能性素材が生まれていますから、やはり化学品にも重点を置いている企業としてぜひ新しい付加価値を作っていただきたいと思います

　わが社もベンチャー企業などに出資をしながら、より高機能なものとか、他にはないユニークな素材やソリューションとか、そうした力のあるものを広めることができれば、今まで以上に信頼される企業であり続けると思っています。

――最後に皆さんにお伝えしたいことがございましたらお願いします

　これからもいろんな企業から「三谷産業の本業は何だろう」と思われる場面があるかもしれません。しかし、わが社が事業領域を重ねたりつなげたりしてお客さまの課題を多面的に解決できるような企業になるためには、一つ一つの本業をより豊かに、そして成長機会を持ち続けていかなければならないと思っています。必ずしもご賛同いただけないケースがあるかもしれませんが、自分としてはここを信じてこの方向性でいきたいと考えています。最終的にそれがお客さまの最適、おそらく次の時代の最適というのは、単一の事業内容ではなくて複数の課題解決

を同時にしなければならないことが待っていると信じてやっています。投資家の皆さんも含めて、長い目で見ていただけたらと思っています。

　現在34歳なので社長としての知識や経験が不足しております。いろいろな方々にぜひご指導をたまわりたいと思っています。お客さまあっての三谷産業であり、お客さまと一緒に成長していきたいという思いは遺伝子として脈々と受け継がれています。創業90周年という節目に、改めて自分の心に刻み続けていきたいと考えています。

――本日はお忙しい中どうもありがとうございました。

Top Interview 22

取材日：平成30（2018）年8月

地味だけど かけがえのない企業でありたい
～期待され、期待に応え、期待を超える！～

株式会社 CKサンエツ　代表取締役社長
釣谷　宏行 氏

会社情報
【本　　社】富山県高岡市守護町2-12-1
【創　　業】大正9（1920）年6月
【業務内容】伸銅事業、精密部品事業、配管・鍍金事業、その他

―― 最初に御社の歴史について教えていただければと思います

　私が銀行を退職してシーケー金属に入社したのが昭和61（1986）年のことです。平成9（1997）年に38歳で社長に就任し、平成12（2000）年にはサンエツ金属の社長に41歳でなりました。それから平成23（2011）年に持ち株会社としてCKサンエツを設立し、平成27（2015）年には東証二部上場の日本伸銅を買収して現在は同社の会長を兼務しています。

　シーケー金属は、今から98年前に中越可鍛という水道配管用の接続部品である鉄管継手のメーカーとして高岡市で誕生しました。その継手というのは錆止めのために亜鉛めっきを施していましたので、平成5（1993）年に溶融亜鉛めっき工場を持つ北陸亜鉛という会社を吸収合併し、めっき事業を内製化しました。現在の事業領域は、めっき部門と配管機器部門の2本立てになっています。

　私が入社したころのシーケー金属は、とにかく利益の出ない万年中小企業でした。他社と同じものを同じように作っていたからです。シーケー金属は昔の社名を中越可鍛製作所と言いまして、その頭文字CKを製品である配管機器に表示して販売していました。業界ではCKブランドとして認知されていました。

　一般論ですが、企業経営は縮小均衡より拡大均衡の方が気が楽です。社内の協力が得られやすいからです。業容を拡大させる中で、社内の既得権者に配慮しながら構造改革をすることができるからです。私は迷わず拡大均衡路線を選択しま

した。また、業容拡大の方法は単なる精神論ではなく、成長する仕組みづくりを心掛けました。

　採用すべき経営戦略は、個別企業の業種業態によって異なるものですが、シーケー金属の場合は独自ブランドを保有していたので、製品差別優位化戦略が最適と判断しました。以来、「オンリーワン製品」を目指して新製品の開発に励みました。トレンドは環境対応でした。地球環境に配慮した「鉛レス」、「カドミレス」、「六価クロムレス」、「ダイオキシンレス（脱塩ビ）」の継手製品や溶融亜鉛めっき技術を次々に開発・生産・販売し、成長軌道に乗せようと努めました。

　開発の対象は製品・技術の開発だけでなく、製法の開発や商法の開発も重要です。また、開発するのに一番大事なことは、どのような開発をすれば売れて儲かるのかを察知するセンスです。着眼点は「顧客ニーズ」というより「差別優位化」でした。派手な大ヒットを狙うのではなく、地道に努力すれば確実に射程に入る類の工夫を重ねることで、命中率を高めることを目論みました。野球で言えば本塁打ではなく、打率を意識したのです。なぜなら、中小企業は失敗すれば次がないからです。

――サンエツ金属の社長を兼務して、二足の草鞋になりました。サンエツ金属の業界の体質から考えますと市況リスクに振り回されてきたという印象がありますがいかがですか

　サンエツ金属は銅合金メーカーです。国際相場商品である銅が原材料なので、銅の価格が乱高下するたびに経営が浮沈する業界体質でした。サンエツ金属の歴史は銅相場との凄絶な戦いの歴史だったのです。

　私が社長になってからも銅の価格が乱高下して、業績が相場に振り回されたことがあります。具体的にはリーマン・ショックの時、銅相場が暴落しました。監査法人は第3四半期までは減損処理は不要と言っていたのですが、その後、本部の方針が変わったからといきなり減損を要求してきました。私は「オーバーシュートした相場で減損した場合、翌年に価格が戻るとV字回復になりますよ」と主張したのですが、結局、監査法人の「時価会計」への強いこだわりによって20数億円の欠損を計上しました。もちろん、相場というのは行き過ぎた分は戻ってきますので、翌年は当時の過去最高益となりました。

Top Interview 22　株式会社 CKサンエツ　釣谷 宏行氏　187

時価会計の恐ろしさを実体験してからは、デリバティブを組んで相場リスクをヘッジすることにしました。手数料を払って単純な銅の先物売りを建てるのです。この対策で会社の業績が銅相場に振り回されるリスクは半減しました。

鉛レス・カドミレス めっき工場の様子

棚卸資産として保有している銅の半分の量を常時ヘッジすることにしたのです。

かつて、サンエツ金属は幾度も経営難に陥りました。それは銅相場が暴落した際、販売先である問屋が経営難に陥り、それがこちらに波及したことも原因でした。銅製品は地金価格が高いので、売掛金が回収できなくなると大火傷になるのです。対策として、現在は取引信用保険を付保し、保険料を支払うことでほとんどの売り先に対する売掛債権を保全しています。

ですから、現在のサンエツ金属は銅の相場差損のリスクからも、販売先の与信リスクからも解放された状況にあります。サンエツ金属には長い歴史がありますが、これだけスタビライザー（業績安定化装置）をビルトインした（組み込んだ）経営体制はかつてないものだと思っています。

──サンエツ金属は、収益的にも盤石な企業に生まれ変わりました。こうした体制を築かれた要因はどこにありますか

私が社長に就任した時、サンエツ金属は4期連続の経常赤字でした。業界内を見渡しますと、どの企業もサンエツ金属と同じように赤字でした。他社と同じことを同じようにやっていては同じように赤字になります。利益を出そうと思うならどこにでもあるような会社ではなく、ほかにはないかけがえのない会社になるしかないと思いました。かけがえのない会社とは「オンリーワン製品」を持つ会社か、「ナンバーワン工場」を持つ会社のことです。サンエツ金属は黄銅合金の製造業でいわゆる素材産業です。素材産業の競争力は規模で決まります。サンエツ金属はM＆A（合併と買収）で業界を再編し、業界「ナンバーワン工場」を目指すことにしました。つまり、スケールメリット（規模の経済性）を追求するこ

とにしたのです。

　成熟市場の重厚長大産業ですから、マクロの視点ではこの業種・業態には衰退の道しかありません。お先真っ暗です。しかし、ミクロの視点では業界全体がシュリンクしても個別企業としては勝ち残る道があると思いました。業界各社はどこも赤字

主力製品「水道配管用継手」

ですから、特に財閥系の日本を代表するような巨大企業がこれから経営資源を投入するような事業領域ではありません。だからこそわれわれの出番があるわけで、財閥系巨大企業が要らなくなった人材や設備や技術、そして商圏はわが社がいただきますということでM＆Aによる業界再編を推進しました。

　M＆Aでは相乗効果を追求しました。相乗効果というのは１＋１が２より大きくなる超数学のことです。M＆Aを推進すると市場におけるプレイヤーの数が少なくなり、業界における過当競争が是正されていきました。

　また、当社はM＆Aにより銅合金の工場だけでも５つ保有することになったわけですが、それぞれのやり方を比較しますと、どのやり方が本当に良いのかが分かるようになりました。買収した先には、それぞれ門外不出のノウハウがありました。それらを比較することで最適なやり方を見つけることができたのです。各社の固有技術を生け捕りにしたのでした。

　さらに、自社の各工場が得意分野に特化することで、工場間における生産品種の最適化による棲み分けを徹底して、品質・納期・コストにおける競争力を引き出しました。一例を挙げれば、各種ある品種サイズを品揃えする際、工場ではいわゆる段取り替えを繰り返すのですが、生産ラインが他社の５倍あれば段取り回数は５分の１に削減できます。

　ちなみに、同業他社とのM＆Aには２種類あって、相手方工場を存続させて生産品種の棲み分けを工夫することで工場間の最適分業を追求する方法と、相手方工場を閉鎖し自工場に生産統合して工場としての操業度を極大化させることでスケールメリットを追求する方法があります。どちらが相乗効果を大きく得られるかは都度シミュレーションして判断しました。

M＆Aにはタイミングの問題もあるようでした。不況期はM＆Aのチャンスです。好況期はどの会社も利益が出ていますから容易に手放しません。不況期にM＆Aを実行して好況期に稼いで、投下資金を短期間で回収するのが理想だと思いました。好況期は来たるべき不況期にM＆Aをするための仕込みの時期なのかもしれません。

──新製品が「グッドデザイン賞」や「ものづくり日本大賞」を受賞され、国土交通省新技術情報システム（NETIS）にも登録されています。これらの受賞にはどのような意味がありますか

　いくら素晴らしい新製品を創っても簡単には売れません。お客さまに新製品や新技術の説明をしますと必ず、「良いものであることは分かったので採用実績を見せてくれ」と言われます。私が「新製品なので採用実績はありません」と答えますと、お客さまは「では、採用実績ができたら買うことにする」と言われるのでした。皆さん、自分の身体で人体実験をしたくはないようでした。

　窮余の一策は権威ある賞を受賞することでした。継手の外面の絶縁カバーを透明にして、ネジ接合の施工状態を目視確認できるようにした新製品の「透明継手」は、業界初のグッドデザイン賞に選ばれました。施工実績がなくてもグッドデザイン賞のマークが付いていると、それだけで安心して使用してもらえました。

　世界で初めて鉛レス・カドミレス・クロムレスを実現した環境対応の溶融亜鉛めっき「CKeめっき」は、「ものづくり日本大賞」の優秀賞を受賞したことで国土交通省の新技術情報提供システム（NETIS）に登録されました。今では東京スカイツリーや北陸新幹線の駅舎、東京五輪の新国立競技場など、日本を代表する建造物に使用されています。権威ある賞は採用実績のない新製品にとって救世主となることを知りました。権威ある賞の受賞は第三者認証を取得するようなもので、お墨付きを得ることと同義なのでした。

　ちなみに、新開発した鉛レス・カドミレスの環境対応黄銅材「スーパー鉛レス黄銅材BZ」は、欧州で環境規制が強化され、電気電子機器を対象としたRoHS規制や自動車を対象としたELV規制が発効した際、突如として売れ始めました。環境対応の新製品の場合は環境規制も新製品の追い風になりました。

——社員の待遇改善などにいろいろと工夫され尽力されたとお聞きしていますが
具体的にお聞かせください

　社長に就任した時、私は全社員を集めていきなり「働きがいのある会社を目指
したい」と宣言しました。すると社員達は「働きがいのある会社とはどんな会社
なのか」と聞いてきました。私は「働きがいのある会社とは正直者が馬鹿を見な
い会社のことだ。働けば働くほど報われる会社のことだ。働けば働くほど得をす
る会社のことだ」と答えました。社員たちは「どんなふうに得をするのか」と聞
いてきました。私は「会社が社員に与えるものはお金と地位と名誉だ。お金とは
給与・賞与・退職金のことだ。地位とは肩書・権限のことだ。名誉とは表彰のこ
とだ」と説明しました。社員たちは「よく分かりました」と言って翌日から本当
に見違えるほど協力的に働くようになりました。

　社員が良く働くようになると会社は自然に利益が出ます。その利益を業績に貢
献した度合いに応じて社員たちに分配したのです。利益がどんどん増えていく
ので社員たちへもどんどん還元することができました。こうして当社は経営の好
循環を形成しました。経営の好循環を回すための推進力は期待だったと思います。
私は常に社員の「期待に働きかける」ことを企図しました。社員たちは「会社に
協力する形で自分たちが本気で努力をすれば、必ず会社は報いてくれる」と信じ
て頑張ってくれたのだと思います。

　そこで私は経営理念に「期待され、期待に応え、期待を超える！」と言う一文
を加筆しました。また、誠実な社員を絶対に裏切るまいと心に誓いました。今も
当社の社員は私が約束することはほとんど疑うことなく、そのまま信用してくれ
ます。私は本当に素直な良い社員に恵まれました。社員たちとの出会いに心から
感謝しています。

　もっとも、かつてのサンエツ金属には強力な複数の上部団体に加盟した労働組
合がありました。労働組合は社長というものを批判的に見ているようでした。社
長と対等に交渉しようとするのです。私は社員の待遇改善に努めましたが、労
働組合が最も抵抗したのは会社側が提示した賞与支給金額が、上部団体から提示
された統一要求金額を上回った時でした。新製品とM＆Aにより自ずと業績が向
上し、その利益を社員に還元しようとしたことに対して、労働組合が止めてくれ
と抗議してきたのです。「会社はわれわれ労働組合幹部と何回も労使交渉した後

で、最後に統一要求より少しだけ足りない金額を提示してくれれば良いのであって、最初から統一要求を上回る発表などされては困る」と言ったのです。その発言で労働組合は高待遇を望む社員たちの信用を喪失しました。しばらくすると労働組合は自主解散したのでした。

後にM＆Aによってわれわれのグループとなった新日東金属や日本伸銅にも労働組合がありました。いずれの労働組合も自主解散してしまい、今は当社グループ内に労働組合はありません。当社グループは賞与の社員一人当たり平均支給金額を年間220万円（＝1回110万円×2回）に固定しています。なぜなら、企業の業績が浮沈するのは会社の責任であって社員の責任ではないからです。当社グループでは業績が良くても悪くても支給金額は変わらないので、毎年の春闘で社員と賞与の支給金額を交渉する必要がありません。交渉することのない労働組合には存在価値がありませんから、ごく自然に解散したのだと思います。

ほかには、最新の設備が整った事務所・厚生棟（食堂・浴場など）をはじめ、社員寮などの施設を各地で次々と新築しました。社員たちはとても喜んでくれました。

毎年の社員旅行は全額会社負担にして、別途お小遣いも手渡しています。行き先は海外と国内を隔年で選んでいます。社員旅行ではなるべく市場原理を導入するようにしています。社員たちが健全な金銭感覚を失わないように、オプショナルツアーなどでは定価に関わらず、自由に入札する機会を与えます。社員は本当に参加したいプランなら高い金額を提示し、それほどでもないプランには低い金額を提示するのです。低い金額を提示した社員は、最少催行人数に満たない場合は定価より安い価格で参加できます。しかし、定員がいっぱいになった時は低い金額を提示した社員から順に足切りになって参加できなくなるのです。

――最近、「働き方改革」が唱えられていますが、御社はGPTW（Great Place to Work Institute Japan）主催「働きがいのある会社ランキング（中規模部門）」で第5位に入賞されました。これらを含めて御社の働き方についてお聞かせください

かつては、ESと称した「社員満足度調査」を実施していましたが、これは社内限りの調査なので客観性がありませんでした。当社グループの社員待遇は当社

グループの社員にとっては当たり前の既得権になっています。そろそろ単なる自己満足ではなく、他流試合による相対評価をしたら面白いと思ったのです。

実は３年前、当社グループは求人資料の作成を外部に依頼しました。その依頼先会社の担当者が「CKサンエツの社員さんに直接取材してみましたけれど、この会社はGPTWに応募すれば間違いなく上位になると思います」と言い出したのです。当社は消費財のメーカーではなく産業財のメーカーです。消費財と異なり社名が人口に膾炙することもなく、相対的に知名度が低いため採用などの面で不利になることがありました。地味な当社にとって、社員待遇の本当の実力値を客観的に外部評価してもらうことは、第三者認証の取得と同じで求人に有効かもしれないと思いました。ちなみに当社が東京証券取引所市場第一部に上場したのも、第三者機関による格付けの取得と同様な効果を期待してのことでした。

GPTWの調査で「働きがいのある会社ランキング（中規模部門）」では２年連続でランクインし、今年２月の調査では第５位に入賞しました。上位企業はIT（情報技術）企業やベンチャー企業がほとんどで、トラッドな製造業は当社だけでした。

受賞したポイントは６つありました。「夜勤廃止」「年次有給休暇の計画的付与」「賞与額年220万円固定」「新社員寮122室整備」「社員旅行は会社負担」「社員株主の優遇制度」です。

近年、「働き方改革」というスローガンが喧伝されていますが、当社グループではまず「仕事の棚卸」を実施し、不要な作業を廃止することで仕事の絶対量を減らしました。

また、単なる調査ですが、働き方の希望調査を実施しています。選択肢は４つあります。①仕事最優先で超高待遇希望、②仕事優先で高待遇希望、③私生活優先で低待遇希望、④私生活最優先で超低待遇希望、です。私はこの４つとも経済合理性に適っていて、この世に存在して良い働き方だと肯定しています。当社での百分率は①＝15％、②＝70％、③＝15％、④＝０％でした。

「夜勤全廃」にも取り組みました。これまで溶解炉や焼鈍炉を使用している工程では、安価な夜間電力や高額装置の操業度を維持するために交替勤務や夜間勤務をさせていました。しかし、これからの時代は社員の健康に配慮し、勤番は昼勤だけにして夜間は装置を止めるか無人運転にするのがあるべき姿だと思いまし

た。すでに半数の工場で夜勤全廃を完了し、残りの工場でも進捗度合を「夜勤率」という指標で管理しながら、ロボットや自動材配システムなど夜間無人操業のための設備改善に取り組んでいます。

——現在、デジタル化をはじめIoT化・AI化といった第4次産業革命における新しい技術がいろいろと導入されています。そうした流れの中で、シーケー金属やサンエツ金属の工場運営について将来的にどのような仕組みを考えていらっしゃいますか

　富山県は安い土地が豊富にあって質の高い人材を潤沢に求めることができます。またとない良いところに立地させていただいています。それが強みですから大事にしてうまく生かせるような経営をしなければならないと思っています。一方で都会との情報格差があれば不利になるので、情報投資をケチって後れを取ってはいけません。例えば、テレビ会議システムやコンピュータシステムなどに関しては積極的に投資しています。基幹システムもオフィスコンピュータからWindowsサーバによるオープンシステムへ移行中です。すでにシーケー金属では2年前に移行完了しており、今年の12月にはサンエツ金属でも完了し、来年には日本伸銅で最新式のシステムが立ち上がります。グループ内でシステムの全面更新をかけていることになります。

　今では工場の日報は全部自動的にコンピュータの中にデータが読み込まれ、計測システムもBluetoothなどを使って自動入力しています。ロボットも数えきれないくらい導入しています。検査工程ではデジタルカメラで画像判定できるところは片っ端から設置しています。今まで人の目による官能検査だったものをカメラの画像処理による検査に置き換えているのです。いわゆるAIやIoTは、これからが本番なのでしょうが、当社でも遅れないように導入していきたいと思いました。

——経営目標の達成に向けてきめ細かな事業ポートフォリオの管理、人材育成や最先端のツールで業務の効率化を進めるなど、企業価値向上に関する経営管理の仕組みを組織に深く落とし込んでいらっしゃることがよくわかりました。では、コーポレート・ガバナンスについて2点お聞きかせください。最初に統治機構と

して監査等委員会にされた理由について、次に買収防衛策を取り入れた基本的な考え方についてお願いします

　まず、当社の監査等委員会は現在、全員が社外取締役です。これは外部監視として効果があると思っています。また、経営情報をすべて開示していますので、普通の監査役と違って役員の選解任や報酬の決定についても株主目線でチェックできるようになっています。また、議決権を持っていますので、監査等委員会という仕組みはきちんと機能すれば監査役会よりもはるかに監視機能が高く、会社の見える化の役割を十分に果たせるものと思っています。

　次に、買収防衛策については、今も海外から技術提携や資本提携のお誘いが絶え間なくあるような状況です。具体的なアプローチの仕方としては、「私たちは株主なので仲良くしましょう」とか「技術を売ってください」とか「役員を派遣してください」といった話が持ち込まれてきます。もしわれわれが防衛策の水準を下げれば、当然、株の買い増しなどをしてくると考えられますが、それが本当に国益に適ったもので、株主共同の利益に合致するものなのかというところが大事です。当社では、買収を目論む相手に「買収後の経営計画を見せてください」「それを検討する時間をください」「聞いたことは株主に開示して判断を仰ぎます」と言って対応するルールにしています。つまり最終的に提案を受けるかどうかは株主が決めたら良いという方針になっているのです。

――最後になりますが、社長は今まで盤石の体制を築いてグループ全体をけん引して多大な成果を出してこられました。今後はどのような展開をお考えですか

　一番大事なことは次の世代を育てることだと思っています。このため、経営会議はグループ全社の合同会議にして、切磋琢磨と情報共有ができるようにしています。また、幹部社員には内外の経営者研修に参加させたり、子会社の役員などを経験させたりしています。参謀は教育機関で養成できますが、リーダーというものはなかなか作れないものです。しかも、その会社が置かれた局面に応じてリーダーに求められる資質は異なります。ゴーイング・コンサーン（永続企業の原則）の観点から、世代交代の視点で後継者を育成しなければならないと考えています。

　ただ、私は今年で60歳ですから、計画的に時間をかけて後継の育成ができるの

Top Interview 22　株式会社CKサンエツ　釣谷 宏行氏　195

ではないかと思っています。子会社がいくつもありますので、例えば今の日本伸銅は独立した会社ですから、後継候補者たちに総会運営を含めてやらせてみて、どのような才能を発揮してくれるのかを確認しながら世代交代を上手に進めたいと思います。いよいよ後継者不足になれば、外部からのスカウトによる補充もあり得ますが、今はまだ考えていません。

　ちなみに、景気の良い時にやってはいけないことは、M＆Aだけでなく人材の採用です。ほぼ完全雇用となっている現在の雇用環境下で、人が足りないからと積極的に採用するのは疑問です。リスクが高いと思います。プロの経営者は不況の時にこそ優秀な人材を採用すべきです。だから今は我慢をすべき時期と考えています。五輪特需が過ぎ去り消費税が増税されて、景気が一段落するタイミングで労働力市場に出てくる人材や売りに出てくる会社を逃さないことが大事です。だから、今はその準備を一生懸命にやっておこうと考えています。

――本日はお忙しい中どうもありがとうございました。

北陸主要企業の
トップが語る成長戦略
人を生かし、技術を磨き、地域に貢献する

2019年4月25日　第1版発行

企　　画―――一般財団法人北陸経済研究所
発行者―――稲葉純一
発行所―――一般財団法人北陸経済研究所
　　　　　　〒930-8507　富山市丸の内1-8-10
　　　　　　TEL(076)433-1134 FAX(076)433-1164
　　　　　　URL http://www.hokukei.or.jp/
発　　売―――能登印刷出版部
　　　　　　〒920-0855　金沢市武蔵町7番10号
　　　　　　TEL(076)222-4595 FAX(076)233-2559
　　　　　　URL http://www.notoinsatu.co.jp/
印刷・製本―能登印刷株式会社

Ⓒ北陸経済研究所 2019 printed in Japan

落丁本・乱丁本は小社にてお取り替えいたします（送料小社負担）。
本書のコピー、スキャン、デジタル化等の無断複製は著作権法上での例外を除き禁じられています。
本書を代行業者等の第三者に依頼してスキャンやデジタル化することは、たとえ個人や家庭内での
利用であっても一切認められておりません。

北陸経済研究叢書の好評既刊

北陸経済研究叢書 01
北陸主要 10 業種の現状と展望
時代の変化に対応する成長戦略

一般財団法人北陸経済研究所 企画・発行
能登印刷出版部 発売
A5 判・208 頁　定価（本体 1800 円＋税）

独自の技術で国内外に販路を広げる北陸のものづくり産業。大きくうねる時代の波を逞しく乗り越えてきた北陸主要 10 業種の歩みと現状、そして更なる成長を期す将来の展望に迫る。

北陸経済研究叢書 02
データで振り返る北陸の 50 年
経済・産業・インフラから女性活躍まで

一般財団法人北陸経済研究所 企画・発行
能登印刷出版部 発売
A5 判・196 頁　定価（本体 1800 円＋税）

北陸経済連合会が平成 29（2017）年に 50 周年を迎えたのを機に、北陸の 50 年の歩みを経済、産業、社会資本、人口動向から女性就業に到る 12 分野にわたって振り返る。各分野の気鋭研究者が豊富なデータをもとに半世紀の軌跡を分析し、独自の考察から新たな波が待ち受ける先を読む。